Kevin Kay

DER AXOLOTL UND SEINE FREUNDE

Das Wundertier aus Mexiko

SCHNEIDER BUCH

Die Deutsche Bibliothek - CIP-Einheitsaufnahme

Kay, Kevin:
Der Axolotl und seine Freunde / Kevin Kay. - München : F. Schneider.

Bd. 1. Das Wundertier aus Mexiko. - 1993
ISBN 3-505-04698-1

Frankfurter Ring 150 · 8000 München 40

Idee und Realisation: f. press, Fein, München
Titelbild und Illustrationen: Manfred Rup
Umschlaggestaltung: Claudia Böhmer
Herstellung: Hermann Staltmaier
Satz: H. Gerbert, Haar/München
Druck: Presse-Druck, Augsburg
ISBN: 3-505-04698-1

Inhalt

Ein Gespenst kommt in die Stadt

Als die S-Bahn ruckartig anzog, fiel Stefan erst mal vom Sitz. Er hatte natürlich Faxen gemacht und einen Affen kopiert, der gerade eine Banane schält. Nun lag er auf dem Boden wie ein Käfer auf dem Rücken. Und alle Mühen, sich beim ständig steigenden Tempo der S-Bahn wieder auf die Beine zu helfen, waren zunächst vergeblich. Immer wieder knallte er gegen die – Gott sei Dank weichen – Sitzpolster und fluchte ganz jämmerlich.

Stefans Freunde Michi und Julia hielten sich die Bäuche vor Lachen. Nicht aus Schadenfreude, nein, Stefans Strampeln und Fluchen, das war einfach sehenswert.

„Mit der Nummer kannst du im Zirkus auftreten", prustete Michi, und Julia kriegte schon gar keine Luft mehr vor Lachen.

Die drei Freunde waren allein im Wagen, und so mußten sie keine Rücksicht auf Mitfahrende nehmen.

Es war ein wunderschöner Morgen, die Ferien hatten begonnen, und sie fuhren in die Stadt. Klar, daß sie gute Laune hatten.

Besonders, weil sie Käpt'n Brause besuchten. Das war der Großonkel von Stefan, 72 Jahre alt und auf den Namen Anton getauft. Er hatte sein Leben als

Kapitän der christlichen Seefahrt verbracht, kannte alle Kontinente und lebte nun im Ruhestand. Aber nicht in der Stille des Voralpenlandes, wo Stefan mit seinen Eltern wohnte. Käpt'n Brause wollte „noch was erleben". Ruhe habe er an Bord genug gehabt, sagte er augenzwinkernd. Und so hatte er sich in der großen Stadt eine Eigentumswohnung in einem Haus mit vielen Menschen gekauft.

Die Kinder liebten den ollen Seebären. Und der mochte sie auch. Nicht nur seinen blonden Großneffen Stefan, der für seine zwölf Jahre schon reichlich groß war, sondern auch Michi und Julia. Die Zwillinge waren nur ein Jahr jünger als Stefan, hatten dunkle Haare und dunkle Augen und schon viel Schweres erleben müssen.

Sie kamen aus Vietnam. Ihre Eltern waren mit den Zwillingen auf einem Boot geflohen und dabei umgekommen. Als ein Frachter die Kinder an Bord nahm, waren die Eltern tot. Die Kinder hatten keine Namen, nichts außer den Kleidern, die sie trugen.

So kamen sie ins SOS-Kinderdorf in Großhöhendorf, wo Stefans Eltern, die Steiners, ein wunderschönes altes Haus besaßen.

Und da Stefan sich von Anfang an mit den beiden angefreundet hatte und die Eltern Steiner sich rührend um die Vietnam-Zwillinge kümmerten, erlaubte die Leitung des Kinderdorfs, daß Michi und Julia so oft wie möglich bei den Steiners sein durften.

Am Anfang hatte Stefan sie noch verteidigen

müssen, als dumme Jungs „Schlitzaugen“ hinter den ein wenig klein geratenen Zwillingen herriefen. So mancher vorwitzige Bengel brauchte dann Kühlung für seine blauen Augen, wenn Stefan die Menschenrechte der Vietnamesen handgreiflich verteidigt hatte.

Stefan waren auch die Namen für die beiden eingefallen. Michi hatte er Michi genannt, weil er gern selbst so geheißen hätte. Und Julia, weil er sich früher eine Schwester gleichen Namens gewünscht hatte.

Vor lauter Rumalbern hätten die drei jetzt beinahe verpaßt, daß schon die ersten großen Häuser der Stadt in Sicht kamen. Dann war es nur noch ein kurzes Stück mit der U-Bahn, und sie hatten die „Burg“ des Käpt’ns erreicht.

Was der Käpt’n wohl gemeint hatte, als er von einer Überraschung sprach?

„Was soll’s schon sein“, sagte Stefan. „So ’ne olle Schiffermütze oder ein Ruder. Oder irgendwas für den Garten. Wahrscheinlich nichts, was uns vom Hocker haut ...“

Michi, der sehr viel Phantasie hatte, hielt beim Raten dagegen: „Vielleicht was aus Übersee. Ein Drachen oder so was Ähnliches.“

Michi war der Sache schon sehr nahe ...

Wie immer nuckelte Käpt’n Brause an seinem Pfeifchen, als er die drei begrüßte. Das Wohnzimmer, in dem schon Kuchen und Milch bereitstanden, war mit furchterregenden Kugelfischen, Schwertern von Schwertfischen und Haifischgebissen geschmückt.

Fremden schwindelte der Kapitän vor, diese „seltenen Stücke" in aller Welt gesammelt zu haben. Aber Freunden, und zu denen gehörten die drei ja, gestand er: „Den Plunder habe ich für ein paar Mark in Hamburg bei einem Trödler gekauft." Was schon deshalb naheliegend war, weil das Artenschutzabkommen die Einfuhr dieser Tiere nach Deutschland verbietet.

Aber von einem pensionierten Seemann verlangte man halt, daß er haufenweise Abenteuer erlebt hat. Und so wußte er gar schauerliche Dinge zu berichten, wenn staunende Mitbewohner des Hauses bei ihm zu Gast waren. Jedes einzelne Stück bekam dann sein Eigenleben. Zu allem konnte der Seebär mit dem grauen Bart eine haarsträubende Geschichte erzählen.

Er mußte nur aufpassen, welches Abenteuer er mit diesem oder jenem Andenken verbunden hatte. Vor allem, wenn der Gast zum zweiten oder dritten Male bei ihm war. Schließlich hieß eine seiner Lebensweisheiten: „Wenn man schon schwindelt, muß man ein gutes Gedächtnis haben."

Inzwischen rutschte Stefan aufgeregt auf seinem Stuhl hin und her, während Michi und Julia in aller Ruhe so viel Kuchen in sich hineinstopften, wie sie nur konnten.

Stefan mochte nicht zugeben, daß er neugierig auf die Überraschung war, obwohl man es ihm ansah.

Käpt'n Brause ließ ihn zappeln. Und Michi und Julia nutzten das aus, sie verdrückten auch Stefans Kuchenportion.

Schließlich erhob sich der Käpt'n förmlich, klingelte mit dem Löffel an der Kaffeetasse und begann: „Ihr wißt vielleicht, daß ich erst kürzlich ein paar Tage in Mexiko war ..."

Er legte eine Kunstpause ein, und der ungeduldige Stefan rief dazwischen: „Na klar wissen wir das!"

„Also, da habe ich was mitgebracht." Genüßlich zog der Käpt'n an der Pfeife und nahm einen Schluck aus seiner Kaffeetasse. „Aber diese Überraschung scheint heute schlecht gelaunt zu sein", fügte er trocken hinzu. „Doch das ist sie öfter ..."

Die drei Freunde schauten den Käpt'n verständnislos an. Was sollte denn das: eine Überraschung, die schlecht gelaunt ist? Der Käpt'n faselte dummes Zeug, spann wohl wieder „Seemannsgarn"?

Erst jetzt sahen sie ein rechteckiges Gehäuse in der Ecke des Wohnraumes, das dort noch nie gestanden hatte. Darüber war ein Laken gebreitet.

Der Käpt'n faßte einen Zipfel des Tuches und zog es mit Schwung von dem Gehäuse, wie es die Zauberer machen, wenn sie auf besonderen Beifall für einen gelungenen Trick warten.

Dieser Trick schien wirklich gelungen.

Das Gehäuse entpuppte sich als ein Bassin. Und

darin saß ein Tier, wie es die drei noch nie gesehen hatten. Es war etwa dreißig Zentimeter lang, hatte einen länglichen Körper wie ein Lurch, einen breiten, viel zu großen Kopf, Ärmchen und Beinchen mit je vier statt fünf Fingern und Zehen, zwei Augen wie aus dunkler Kohle, einen breiten Mund, der immer zu grinsen schien, und vier Ohren am runden Kugelkopf. Tatsächlich vier! Und es hatte eine Badehose an.

Als das komische Tier die Kinder sah, schwamm es an den Rand des Bassins, schrie etwas mit einer piepsig-schrillen Stimme und tauchte dann ab auf den Grund, wo es mit verschränkten Ärmchen sitzen blieb. Es redete wirklich, und es verschränkte wirklich die winzigen Arme.

Den Kindern blieb die Spucke weg. So etwas hatten sie noch nie gesehen. Was, um alles in der Welt, war das denn für ein Wesen?

„Ui" und nochmals „ui", sagten sie, denn mehr fiel ihnen nicht ein.

Erst nach einer Weile besann Stefan sich, daß er ja ein forscher und tapferer Junge war, den nichts so schnell aus der Fassung bringen konnte. Deshalb fragte er auch nicht, was das denn für ein Bursche sei, das wollte er den Kleineren überlassen. Statt dessen fragte er wie selbstverständlich und ohne Erstaunen in der Stimme: „Ist es jetzt beleidigt?"

„Es ist schon den ganzen Tag beleidigt", meinte der Käpt'n. „Aber macht euch nichts draus. Es kann auch sehr lustig sein."

MEXICO

„Was ist das für ein knuddeliges Monster?“ fragte Michi endlich, und Julia, die die Tapferkeit nicht gerade mit Löffeln gefressen hatte, versteckte sich hinter ihrem Bruder und wiederholte: „Ja, was ist das für ein Monster?“

Das hätten sie lieber nicht sagen sollen. Denn in blitzartiger Geschwindigkeit tauchte das niedliche Tier auf und peitschte mit beiden vierfingrigen Händen das Wasser so stark, daß die drei Freunde patschnaß wurden.

Käpt'n Brause holte, ohne ein Wort zu verlieren, ein riesiges Frotteetuch aus dem Bad. Das Tuch kam gerade zur rechten Zeit, denn als Stefan lachte und sagte: „Das ist ja eine Bestie“, da rauschte noch einmal eine kalte Dusche über ihn. Und dazu eine Schimpfkanonade, die sich gewaschen hatte.

„Das Vieh versteht uns ja, das gibt's doch gar nicht“, sagte Stefan, und jetzt war er doch sehr aufgeregt. „Es reagiert ja genau wie ein Mensch! Ist es denn echt – oder was?“

„Also erst mal“, sagte der Kapitän, „ist das kein Vieh, sondern ein Axolotl, ein stolzer Axolotl. Und dann ist ein Axolotl immer echt.“

„Ein was? Wie heißt der? Axo...was?“ fragte Stefan.

„Axolotl“, wiederholte der Käpt'n.

Die drei hatten das Gefühl, daß sich das Tier jetzt auf dem Grund seines Bassins stolz reckte und sein Grinsen noch breiter wurde.

„Es gibt ihn nur noch im Xochimilco-See in der Nähe von Mexiko City. Er wird nie erwachsen, aber offensichtlich ziemlich alt. Ich habe ihn von einem alten Azteken geschenkt bekommen, bei dem ich früher schon häufig zu Gast war. Und da habe ich gedacht, ihr drei könntet euren Spaß mit ihm haben."

„Kann man ihn dressieren?" wollte Stefan wissen.

„Ich glaube nicht", sagte Käpt'n Brause. „Wie gesagt: Er ist stolz, und ich habe das Gefühl, er fühlt sich uns überlegen. Aber ich denke, man kann sich mit ihm anfreunden, wenn man ihn gut behandelt."

„Ja, aber er kann doch tatsächlich reden, nicht wahr? Zumindest versteht er uns. Sogar unter Wasser. Ein sprechendes Mini-Monster. Unglaublich!" Stefan sagte auch noch: „So was!"

Käpt'n Brause machte ein wichtiges Gesicht: „Ich habe auf der Überfahrt oft geglaubt, ich spinne auf meine alten Tage. So habe ich ihn mehrfach den Namen *Huitzilpochtli* aussprechen hören, das ist der Gott, der als Hauptgott der indianischen Azteken verehrt wurde. Huitzilpochtli brauchte nach aztekischem Glauben ständig Nahrung. Und wenn er keine bekam, wurde er bösartig ..."

Kaum hatte das seltsame Wesen, das Axolotl hieß, den Namen gehört, schoß es wie ein Delphin an die Wasseroberfläche des Bassins und begann schrill zu schimpfen.

„Alle Achtung", sagte Käpt'n Brause. „Nun hat er es euch aber gründlich gegeben, der kleine Axolotl."

2 4698 - 8

Der Käpt'n hatte Wort für Wort mitgeschrieben.

„Was hat er gesagt?" fragte Stefan.

„Wollt ihr das wirklich hören?"

Und ob sie wollten ...

„Also. Er spricht Spanisch, mit aztekischen Worten vermischt. Und zu euch hat er gerade gesagt, ihr seid eine hirnlose Masse Kroppzeug und außerdem triefnasige Ziegenböcke."

„Aber ich bin doch gar kein Bock", protestierte Julia.

„Das ist nicht so wichtig", meinte der Käpt'n. „Er hat euch ja auch dämliche Trockenärsche genannt. Und noch ein paar Kleinigkeiten."

„Das ist ja allerhand", stellte Michi fest. „Was fällt denn dem ein?"

„Und wie", Stefan runzelte die Stirn, „kann uns die Bestie unter Wasser hören?"

Käpt'n Brause wurde nachdenklich.

Und noch nachdenklicher wurde Stefan. Ein Tier, das sprach? Das einen fremden Gott kannte? Das unter Wasser hören konnte? Ein Tier, das offensichtlich ein Wassermonster war und dennoch ohne Schwierigkeiten am Rand des Bassins herumturnen konnte? Unfaßbar!

„Ein merkwürdiges Tier!" sagte Stefan nur und schüttelte ungläubig den Kopf.

Vielleicht doch ein Gespenst. Ein niedliches, freches Gespenst. Das wollten die Kinder schon eher glauben ...

Am nächsten Tag machte Käpt'n Brause sich schlau.

Es stimmte in der Tat: Die seltenen Wundertiere mit dem komischen Namen Axolotl lebten wirklich nur in Mexiko; und da sie ihre Larvenform beibehielten, wurden sie nie erwachsen.

„Aber das hieße ja", Käpt'n Brause kraulte sich den Bart, „sie sind nicht sterblich. Es könnte sein, daß der Axolotl schon zur Zeit der Azteken gelebt hat ...", sagte er laut zu sich selbst. „Und daß er mir sagen kann, warum der spanische Krieger Cortez Mexiko im 16. Jahrhundert vernichten konnte." So beschloß Kapitän Brause, den Axolotl zu fragen. „He, du, du kannst mich doch hören?"

Der Axolotl krabbelte an den Rand des Bassins und murmelte etwas, das nach Zustimmung klang.

„Hast du wirklich noch zur Zeit des Gottes Huitzilpochtli gelebt?"

Der Axolotl nickte gnädig.

„Und warum hat die Riesenarmee der Azteken gegen diesen spanischen Eroberer Cortez keine Chance gehabt?"

„Wenn du's nicht weitererzählst", piepste der Axolotl in seinem aztekischen Spanisch. „Es war schrecklich."

So schrecklich wie dein Spanisch, dachte der Kapitän. Doch er ließ es sich nicht anmerken und fragte weiter: „Warum sprichst du eine Mischung von Aztekisch und Spanisch?"

„Weil ich früher immer Aztekisch gesprochen

habe, wie die Menschen um mich herum. Aber die haben diese Sprache vergessen. Und mit der Zeit auch ich. Claro, amigo?"

„Und warum hat Cortez nicht eins auf die Rübe bekommen?"

„Das ist eine lange Geschichte. Damals glaubte das Volk, der Gott Quetzalcoatl, der Tausende von Jahren zuvor auf einem Floß im Atlantik verschwunden war, werde zurückkehren. Und in dem Räuber Cortez sah das Volk die Wiedergeburt Quetzalcoatls. Man brachte ihm Gold und alles, was das Aztekenreich zu geben im Stande war. So kriegte der listenreiche Cortez das Aztekenvolk unter seine Fittiche. Und wir armen Azteken litten darunter. Claro, amigo?"

Wie immer, wenn er nachdachte, kraulte Käpt'n Brause sich den grauen Bart. Hält der Axolotl sich also tatsächlich für einen Azteken! „Aber das ist ja eine Theorie, die unsere Wissenschaftler überhaupt nicht übernommen haben", sagte er dann.

„Mierda. Eure Wissenschaftler, was wissen die schon! Waren die dabei? Laß die doch raten. Von mir hören sie kein Wort. Claro, amigo?"

„Und die Kinder, sollen die auch nichts erfahren?" grummelte Brause.

„Die sind noch jung. Die sollen selbst draufkommen. Und denk dran, alter Mann: Die müssen noch viel lernen. Darum rede ich mit ihnen auch nicht in deutscher Sprache. Sie brauchen ja kein Aztekisch zu lernen. Aber Spanisch wäre doch das mindeste, was sie können müßten."

Es fügte sich, daß die Kinder wie auch der Kapitän unabhängig voneinander die gleiche Idee hatten. Da gab es nämlich auf dem Gelände der Steiners ein wunderschönes Feuchtbiotop: ein klarer See mit Büschen und einem Zaun rundherum. Und als Käpt'n Brause dem Wassertier ankündigte, daß dort neben fetten Mücken und Fliegen auch manches Stück aus der Steinerschen Familienküche in seinen Teich fliegen würde, war der Axolotl Feuer und Flamme: Jawohl, dort wollte er wohnen.

Der Umzug wurde vorbereitet. Der Axolotl – Stefan und seine Freunde nannten ihn aus Gründen der Bequemlichkeit von nun an kurz Axi – zeigte sein Sonntagsgesicht. Vor dem Abtransport in Käpt'n Brauses altem Wagen schlug er Salti in seinem Bassin, verstieg sich zu einem Kopfstand, schwamm wie ein Delphin und machte tatsächlich bitte-bitte.

Die Kinder waren begeistert. So etwas niedliches hatten sie nicht mal im Fernsehen gesehen.

„Aber", sagte der Kapitän, „bedenkt immer, der Axolotl ist ein lebendiges Wesen. Ihr könnt ihn nicht einfach loswerden, wenn euch die Betreuung lästig wird. Er wird immer und ewig in eurem Tümpel sein." Und in Gedanken fügte er noch hinzu: Viel länger, als ihr es euch vorstellen könnt.

Wenn die drei damals schon gewußt hätten, wie Axi sich dank seiner außergewöhnlichen Fähigkeiten in ihre Gedanken und Pläne hineinfühlen könnte, wären sie etwas vorsichtiger gewesen.

Aber soweit sind wir noch nicht ...

Axi ist fort

Vater Christian Steiner, der als Pilot rund um die Welt flog, war von einem langen Atlantikflug zurückgekommen. Er setzte sich in den Garten, goß sich voller Genuß ein Bier ein und zündete die Pfeife an.

Eine herrliche Ruhe ist das hier! Aber irgendwas stimmt nicht, etwas ist anders, dachte er.

„Birgit!“ rief er ins Haus. „Birgit, warum ist es hier so ruhig?“

Seine Frau kam heraus zu ihm. „Du hast doch von diesem ulkigen Lurch gehört, dem Axolotl, den die Kinder einfach Axi nennen ...“

Christian Steiner brummte Zustimmung, wenn er auch die Geschichte mit dem Axolotl noch nicht so recht gerafft und sich den Burschen auch noch nicht angesehen hatte.

„Und jetzt beschäftigen sich die Gören nur noch mit dem Tier. Stört dich die Ruhe?“

„Durchaus nicht“, fand der Pilot. „Aber sie ist ungewöhnlich.“

Mutter Birgit deutete nur nach hinten, wo die drei am Tümpel hockten und intensiv ins Wasser schauten.

„Worauf warten sie?“ fragte ihr Mann.

„Sie warten darauf, daß Axi sich bemerkbar macht. Aber der sitzt auf dem Grund und ist wieder mal beleidigt. Sie haben ihm sogar ein Stück Kotelett ins Wasser geworfen. Aber Axi hat es einfach untergehen lassen, ohne daran zu rühren. Ist doch klar, daß sie sich nun Sorgen machen. Wahrscheinlich hat es ihn geärgert, daß die drei den Axolotl als Schaubudenattraktion vorgeführt haben. Sie nahmen nämlich fünfzig Pfennig von jedem ihrer Freunde, um ihn zu zeigen. Und sie haben ihn ein blutrünstiges Wassermonster genannt, das besonders gern Dorfkinder verspeist."

„Ist ja 'n starkes Stück", meinte Vater Christian etwas abwesend und blätterte dann in der Zeitung. Kurz darauf war er völlig in den Sportteil vertieft.

Nicht lange. Dann tauchte Stefans Blondschopf auf. „Papi?"

„Ja, bitte." Der Ton sollte nach Stör-mich-jetzt-nicht klingen. Aber wenn Stefan ihn Papi nannte, konnte er ihm sowieso keinen Wunsch abschlagen.

„Papi, kannst du mal nach Axi suchen? Er meldet sich einfach nicht. Und das ist doch nicht normal."

Das fand der Vater auch, obwohl ihm der merkwürdige Axi ziemlich egal war. Noch jedenfalls.

Christian Steiner zog sich die Badehose an und ging ganz vorsichtig durch den Tümpel, sorgsam darauf bedacht, den kleinen, ihm noch unbekannten Kerl nicht versehentlich mit Füßen zu treten.

Aber auch der Vater fand den Kleinen nicht. Und so kam man nach gemeinsamer Beratung zu dem Schluß: Axi ist nicht mehr da. Er ist einfach abgehauen. Unglaublich!

Riesenaufregung. Was konnte da passieren! Erstens war der Axolotl ein ausgesprochenes Wassertier, das mit seinen kurzen Beinen nicht einfach kilometerweit durch die Landschaft marschieren konnte. Zweitens kannte er sich hier überhaupt nicht aus, und drittens bestand die Gefahr, daß Fremde ihm etwas antun konnten.

Käpt'n Brause wurde benachrichtigt, Mutter Birgit holte Käsekuchen aus dem Kühlschrank, und alle setzten sich auf die Terrasse, wo sie eine Krisensitzung abhielten.

Stefan fluchte vor sich hin. Es sei alles sein Fehler gewesen, meinte er immer wieder. Warum hatte er den kleinen Kerl mit den Knopfaugen auch als Showfigur mißbraucht. Das mußte ihn ja beleidigt haben. Und zum erstenmal merkte Stefan, wie gern er doch den Winzling aus Mexiko hatte. Und daß er alles dransetzen würde, ihn wiederzubekommen.

Aber wie?

Inzwischen war der Käpt'n eingetrudelt und Birgit kam aufgeregt und mit geröteten Wangen aus der Küche. „Ich weiß nicht, ob das mit Axi zusammenhängt", sagte sie. „Im lokalen Rundfunk kommen so eigenartige Meldungen. Da soll ein Baby in Badehose in Blockdorf gesehen worden sein. Und in einem

Tierheim wurden von unsichtbarer Hand alle exotischen Vögel freigelassen. Das tollste aber: Das Baby soll mit einem Rehpinscher Freundschaft geschlossen haben und auf ihm durch die Gegend reiten."

Erst mal schwiegen sie alle, dann überlegten sie, und schließlich meinten der Käpt'n und die Kinder, das Baby kann gar kein Baby sein, so ein Blödsinn, es müsse sich um den Axolotl handeln. Nur der könne sich solch ulkige Streiche ausdenken.

Aber Stefan wies nochmals darauf hin, daß Axi doch ein Wassertier und kein Landtier sei. Okay, er war manchmal an Land gegangen und hatte Grünzeug am Rande des Tümpels gefressen. Birgit hatte festgestellt, daß es sich um Brunnenkresse handelte.

Ein besonderer Leckerbissen war für Axi stets ein Stückchen Ananas gewesen. Das hatte ihn auch mal aus dem Wasser gelockt. Und für sein Leben gern hatte er Mineralwasser getrunken, das nicht so doll salzige. Aber wie paßte das alles zusammen? Er hatte ja auch Mücken gefressen. Und nicht zu knapp. Ein Stückchen vom gebratenen Fleisch war für ihn ein Leckerbissen. Und sogar gegen Käsekuchen hatte er nichts einzuwenden.

Der Käpt'n dachte. Man hörte förmlich, wie er dachte. Es schien in seinem Hirn zu knacken. Dann plötzlich: „Habt ihr mal 'n Lexikon?"

Man hatte.

Käpt'n Brause blätterte eifrig. Dann ging ein wissendes Grinsen über sein Gesicht. „Brunnenkresse, habt Ihr gesagt? Und Ananas? Und Mineralwasser? Nun ist alles klar."

„Was ist klar?"

„Erst mal Ruhe", befahl der Seemann. „Ich will euch was erzählen. Also: Als ich mit Axi übern großen Teich nach Europa geschippert bin, tauchte der manchmal ganz vergnügt in meiner Koje auf und grinste mich fröhlich an. Er kaute oft auf einem Stück Ananas oder trank aus Pfützen von umgefallenen Mineralwasserflaschen. Und manchmal sagte er mir recht fidel so etwas, das wie *joche* klang. Als wollte er jodeln. Auch wenn er traurig war, redete er leise von *joche*. Jetzt habe ich im Lexikon festgestellt, daß sowohl in Brunnenkresse als auch in Ananas und in Mineralwasser Jod enthalten ist. Und das, was ich als *joche* verstanden habe, war nichts anderes als der Wunsch nach Jod. Jod heißt auf Spanisch *yodo*!"

„Und warum will er Jod? Was hat das zu bedeuten? Und was hat das mit seiner Flucht zu tun?" fragte Stefan als erster, während die anderen noch etwas ratlos dreinschauten.

„Das weiß ich auch nicht, aber vielleicht hängt es irgendwie zusammen mit den ungewöhnlichen Landgängen des Axolotl. Womöglich sucht er da nach Jod oder jodhaltiger Nahrung. Warum wohl?" Der Käpt'n schüttelte den Kopf, denn er wußte auch keine Antwort. Dabei war er schon ganz nah dran ...

Natürlich war das „Baby in Badehose von Blockdorf" der Axolotl. Blockdorf lag nicht weit entfernt von Großhöhendorf, und deshalb war es für Axi kein großes Problem, sich dort mal umzusehen – zumal zwischen den beiden Ortschaften ein Bach floß.

Der Axolotl war stinksauer, daß Stefan, Michi und Julia ihn ein Monster nannten und gegen Eintrittsgeld vorführten wie einen Tanzbären. Erst tauchte er ab in die dunkelste aller dunklen Ecken seines Biotops, und als die letzten Kinder abgezogen waren, enttäuscht darüber, daß das „Minimonster" nicht mehr zu sehen war, schwor er allerfinsterste Aztekenrache.

Weil er gern mit sich selbst sprach, wenn er etwas ausbrütete, maulte er pausenlos vor sich hin: „Mich ein Monster zu nennen, das ist wohl das Allerletzte. Monster sind Ungeheuer, die Böses anstellen, die Feuer speien wie die alten Vulkane in Mexiko und die ihre Feinde auffressen, wenn ihr Maul groß genug dazu ist. Mich, den braven Axolotl, mit so was zu vergleichen, das haut einen ja aus den Latschen. Und dann auch noch eine Schaubude aus meiner Wohnung zu machen, Geld dafür zu verlangen, damit ein paar blöde Kinder mich anglotzen können ... Nein, nein, nein! Aber wenn ihr dummen Menschen, die ihr nur zwei lächerliche kleine Ohren habt, schon so mit mir umspringt, dann werd ich euch mal zeigen, wie böse ein echter Axolotl sein kann! Claro, amigos?"

Den Kopf voll Rachegedanken und den Magen voll Brunnenkresse, hüpfte der Axi aus seinem schönen Biotop, als die Kinder beim Essen waren. Zwei seiner vier Ohren legte er an, was er immer tat, wenn er böse aussehen wollte, tappte vorsichtig durchs Gras, ganz darauf bedacht, daß keiner ihn sah, und stand plötzlich vor einem anderen Wasser, das er noch nicht kannte. Es war der Bach, der nach Blockdorf floß.

Der Axolotl freute sich, wollte pfeifen, um sich Mut zu machen, – das hatte er von Stefan abgeguckt –, konnte aber nicht, weil die Brunnenkresse ihm noch zum Mund heraushing. Dann sprang er in den Bach. „Werd schon sehen, wo ich ankomme. Erst mal weg von hier, damit die dummen Kinder sich ärgern. Denen werd ich eine Schaubude geben! Claro, amigo?" sagte er laut zu sich selbst, und auch das gab ihm Mut.

Der Axolotl war noch keine fünf Minuten geschwommen, da hörte er Hunde bellen und eine ganze Menge Vögel zwitschern. Weil ein Axolotl von Natur aus neugierig ist, streckte er seinen Kopf aus dem Wasser. Am Ufer sah er ein paar niedrige Häuschen, dazwischen Käfige, in denen viele Tiere saßen oder herumliefen und einen Heidenkrach vollführten. Was machen die denn hier hinter dem komischen Drahtgitter? Die Erklärung fand Axi vorn am Eingang. Da hing ein Schild mit der Aufschrift *Tierheim*.

In einem Heim sollte man sich heimisch fühlen, dachte Axi, aber die da drinnen taten's wohl nicht.

Sonst würden sie sich nicht so unverschämt laut aufführen.

Der Axolotl, ein Tier der Tat, fackelte nicht lang. Hier mußte er helfen, wenn er auch die meisten Tiere nicht kannte, besonders die lärmenden bunten Vögel nicht. Und schließlich hatte er sich vorgenommen, etwas anzustellen ...

Axi schlich aus dem Wasser, fand ein Loch im Zaun, rannte zum Vogelkäfig, wo's schlimmer zuging als in einem mexikanischen Hühnerstall, und schob den kleinen Riegel am Türchen auf. Die Vögel schauten erst ein bißchen verdutzt drein, aber dann flog einer nach dem anderen davon.

„Das gefällt euch, ihr ohrenlosen Flattergesellen! Na, dann macht den Abflug und benehmt euch draußen anständig. Claro, amigos?" sagte der Axolotl, drehte sich um – und erschrak.

Vor ihm stand ein fast nacktes Tier mit vier Beinen, einem Stummelschwanz und treuherzigen Augen, aber leider auch nur zwei Ohren. Armselige Tiere, dachte Axi, aber das hier gefiel ihm. Es hatte auch so eine glatte Haut wie er. Schien wohl ein Hund zu sein, oder wie die Burschen hießen. Er war nicht viel größer als Axi. Ein Rehpinscher. Aber das konnte Axi nicht wissen. Auch nicht, daß die „Haut" dieses Tieres Fell hieß, selbst wenn es ganz kurz war und wie rasiert aussah.

„Wie heißt du denn?" fragte der Axolotl.

Der Hund sagte nichts, weil er nichts sagen konnte,

und deshalb hielt der Axolotl ihn für doof. Aber vielleicht war er's doch nicht, denn er legte den Kopf schief, piepste und jaulte ein bißchen und machte Männchen vor Axi.

„Leider versteh ich deine Sprache nicht, doch wenn ich's richtig sehe, willst du mitkommen. Claro, amigo?"

Der Hund wollte. Er gab die rechte Pfote, und Axi hatte Schwierigkeiten, sie mit seinen vier Fingern festzuhalten. Dann drehte er sich um und schaute zu, daß er möglichst schnell hinauskam aus diesem dämlichen Heim. Der Hund trippelte hinterher.

„Ich nenne dich Nackthaut", beschloß der Axolotl, und die beiden zogen einträchtig in Richtung Blockdorf. Sie tigerten neben dem Bach her, denn Axi hatte messerscharf erkannt, daß Nackthaut wohl kein Wassertier war und beim Schwimmen sicher Schwierigkeiten haben würde.

Ein Stück vor Blockdorf wurde der Axolotl sehr müde; die Luft wollte ihm ausgehen. So setzte er sich auf den Rücken von Nackthaut und benutzte ihn als Minipferd. Der Pinscher ließ sich's gefallen, und wenn's dem Axolotl zu langsam ging, half er mit seinen Beinchen nach.

Zum Glück kam ihnen niemand entgegen. Wer weiß, was geschehen wäre, hätte irgend jemand das seltsame Paar gesehen? Ängstliche Menschen hätten sicher die Polizei gerufen oder die Feuerwehr oder den nächstbesten Tierarzt.

So geschah das Unglück erst in Blockdorf.

Am Ortsrand sah der Axolotl ein großes Geschäft. Er wußte, daß dort viele Waren ausgestellt wurden, bestimmt auch das sogenannte Mineralwasser. Das kannte er vom Schiff her, und das wollte er jetzt haben. Er wollte nicht nur, er mußte es haben.

Der Axolotl dirigierte seinen Freund Nackthaut zu dem großen Geschäft, das die Menschen Supermarkt nannten. Die beiden gingen hinein, und nun begann ein Höllenzauber.

Leute mit Einkaufswagen schrien, als sei ein Heer von Spitzmäusen ausgekommen, und warfen ihre Einkaufstüten weg. Ein Mann mit weißem Kittel plärrte: „Ladendiebe!" und „Hunde raus!" und warf eine leere Dose nach dem verschreckten Pinscher. Kinder wollten den Axolotl fangen, weil sie ihn für ein neues Spielzeug hielten, und eine kurzsichtige dicke Frau schrie aufgeregt: „Seit wann kaufen denn schon Babys ein? Und dazu noch in Badehose!"

Der Axolotl hielt die Menschen für bescheuert, weil sie sich aufführten, als würde der Krieger Cortez mit seinem ganzen Heer aufmarschieren. Er wollte doch nur eine Flasche Mineralwasser, und Nackthaut wollte gar nichts.

Als Axi endlich eine Flasche entdeckte, aber nicht aufkriegte, warf er sie einfach um und trank das Wasser, das auf einem Regal auslief.

„Ein Monster, das stiehlt!" jammerte eine spindeldürre Frau in einem weißen Kittel; sie und der andere

3 4698 - 8

Weißkittel jagten den Axolotl, der sich nun sehr ärgerte.

Er hüpfte auf ein hohes Regal, warf eine Dose Ananas hinunter und traf die Dürre am Bein. Von wegen Monster! Da war es wieder, das häßliche Wort!

„Hilfe! Ich bin verletzt. Hilfe!" schrie die Dünne übermäßig schrill, dabei war ihr gar nichts passiert.

Nackthaut lugte ängstlich hinter einer Kiste in der Fleischabteilung hervor und schnappte vergeblich nach einem Stück Schinkenwurst.

„Jetzt reicht's aber, die Polizei hab ich schon alarmiert!" plärrte der Weißkittel wieder und grapschte nach Axi, der rasch eine Stufe höher kletterte im Regal.

„Komm du mal in mein Wasser, dann wirst du sehen, wer ich bin! Ein Axolotl bin ich, ein echter! Nicht so ein dummer Mensch wie du! Du, du ... zweiohriger Weißkittel, trocken-nasiger, du! Claro, amigo?"

Der Mann sperrte Mund und Nase auf und starrte Axi verständnislos an: „Wer bist du? Babys, die ausländisch reden, gibt's doch gar nicht! Und auf Regale können Babys auch nicht klettern! Also, was bist du für ein Monster?"

Das brachte den Axolotl endgültig zur Weißglut. Er warf eine Packung Kekse nach dem Weißkittel, daß die Brösel ihm in den Hemdkragen rieselten.

„Unerhört! Die Polizei wird dich schon runterholen!" japste der Weißkittel und übersah, daß Nackt-

SONDER ANGEBOT
KEKSE

haut sich seitlich heranschlich, nach seinen Hosenbeinen schnappte und so fest daran zog, daß der Mann umfiel.

„Bravo, bravo, claro, amigo!" jubelte der Axolotl vom dritten Stock des Brotregals.

In diesem Augenblick heulte draußen eine Polizeisirene.

Als der Käpt'n und die Kinder – die sich natürlich sofort auf die Socken gemacht hatten – in Blockdorf eintrafen, hatten sie nicht viel Mühe, den Axolotl zu finden.

Kreischende Frauen und weggeworfene Einkaufstüten vor dem Supermarkt wiesen ihnen den Weg. An der Eingangstür hatten sich zwei Polizisten postiert.

Sie führten Käpt'n Brause und die Kinder zum Geschäftsführer. Das war der Mann im weißen Kittel, der dem Axolotl an den Kragen wollte.

Ein schier endloses Hin und Her begann, um den peinlichen Zwischenfall beizulegen und Axi samt Nackthaut freizubekommen.

Erst zeigte sich der Weißkittel, dessen Kopf noch immer hochrot angelaufen war, stur wie ein tauber Moschusochse. Er wollte den Axolotl verhaften und Nackthaut zurück ins Tierheim bringen lassen.

Die Polizisten jedoch waren hilflos. „Was sollen wir bloß tun? Wir können mit diesem komischen Kerl nichts anfangen! Einsperren? Wo denn? Ein

Gefängnis für so ein Wesen von einem anderen Stern gibt's nicht."

Der Axolotl hockte noch immer ganz oben auf dem Brotregal und schimpfte unflätig, als er was von einem „anderen Stern" hörte. Zum Glück verstand die spanischen Flüche nur der Käpt'n.

Der nahm die Polizisten und den Weißkittel zur Seite, damit sie außer Hörweite von Axolotl waren. Sie setzten sich in das gläserne Büro des Geschäftsführers und verhandelten. Der Käpt'n erzählte die Geschichte vom Axolotl und bot an, für den Schaden aufzukommen, den Axi im Supermarkt angerichtet hatte, wobei die Polizisten ihn kräftig unterstützten. Sie hatten keine Lust, den „Tatbestand" auch noch protokollieren zu müssen, und außerdem wußten sie beide nicht, wie man „Axolotl" schreibt.

Als der Käpt'n einen blauen Hunderter und einen grünen Zwanziger auf den Tisch legte, wie Weißkittel es verlangt hatte, war die Sache ausgestanden. Die Kinder holten Axi vom Regal herunter, als er sich beruhigt hatte, und führten ihn zur Tür hinaus. Nackthaut schlich mit gesenktem Kopf fast unbemerkt hinterdrein.

Es schien niemand zu stören, daß der Axolotl eine ungeöffnete Mineralwasserflasche hinter sich herzog; vermutlich hielt der Weißkittel diesen Kostenpunkt mit der Entschädigung vom Käpt'n für abgegolten.

Draußen öffnete Stefan erst mal die Mineralwasserflasche und schenkte dem Ausreißer einen großen Schluck in einen Pappbecher ein.

Axi schaute ihn dankbar an und sagte: „Gracias muchachos“, danke Freunde.

Dann bestieg er stolz wie ein spanischer Grande seinen Rehpinscher und befahl: „Vamos“ – gehen wir, „claro, amigo!“

Stefan, Michi, Julia und der Käpt'n kamen sich schon recht komisch vor, als sie im Gänsemarsch dem frechen Lurch hoch zu Hund folgen mußten. Aber alle waren heilfroh, daß sie ihren mexikanischen Freund heil und unbeschadet gefunden hatten.

Auf dem Heimweg überlegten sie, was es wohl mit dem Jod auf sich habe, das der Axolotl wohl irgendwie brauchte. Eines freilich schien jetzt schon klar: Axi brauchte es zur Stärkung, denn jedesmal, wenn er Brunnenkresse oder Ananas gegessen oder Mineralwasser getrunken hatte, war er mopsfidel.

„Ich kenne da einen Zoologen“, schlug der Käpt'n vor, „den werd ich mal fragen.“

So geschah es denn auch, und noch am selben Abend hockte der Zoologe Dr. Jakobinus Katzenmeier bei den Steiners und erklärte leutselig: „Ein Axolotl ist ein höchst seltsames Lebewesen.“

Vater Steiner nickte heftig mit dem Kopf, und alle waren froh, daß der Axolotl das nicht gehört hatte, denn der saß wieder draußen in seinem Biotop. Ganz friedlich jetzt, denn der Ausflug schien ihn ganz schön mitgenommen zu haben.

„Ja, wo war ich stehengeblieben?“ fuhr Dr. Katzenmeier etwas zerstreut fort. „Ach ja, der Axolotl, das seltsame Wesen, atmet im Wasser durch Kiemen, das ist ja ganz normal und verständlich. Wird ihm jedoch Jod zugeführt“ – er sagte tatsächlich „zugeführt“ – „dann kann er durch die Nase atmen wie ein Säugetier und er kann auch auf dem Land leben.“

„Außergewöhnlich“, sagte der Vater, die Mutter schüttelte den Kopf und machte: „Zs, zs, zs“, der Käpt'n kraulte sich den Bart und murmelte: „Unglaublich“, und die Kinder brüllten: „Toll! Klasse! Spitze!“

Nun war der Axi ein vollwertiger Spielkamerad, ein kombiniertes Wasser- und Landtier, wenn man ihn nur richtig fütterte. Mit Jod, und das war in Ananas, in der Brunnenkresse und in vielen Sorten Mineralwasser enthalten.

Käpt'n Brause hatte eine tolle Idee: „Wenn Axi mal mit euch über Land ziehen sollte oder aber auch mal allein an Land sein möchte, füllt ihm doch ein Fläschchen mit Mineralwasser, das er wie einen Rucksack tragen kann.“

Der Käpt'n machte halt immer gleich Nägel mit Köpfen. „Christian“, sagte er zu seinem Neffen. „Du hast doch sicher eine Strippe, eine Schnur oder so was.“

Christian hatte. Und so formte der Käpt’n einen winzigen Rucksack, paßte ihn Axi an und füllte die Flasche gleich mit Wasser.

Die Jod-Notration saß wie angegossen. Und Axi tanzte fröhlich auf dem Rasen herum.

Es wurden herrliche Ferien. Axis schlechte Laune war wie weggeblasen. Sie wanderten mit ihm, sie schwammen in Badeseen, sie gingen sogar ins Kino. Nur unterhalten konnten sie sich nicht mit Axi; seine Sprache verstanden sie nicht. Aber er schien sie zu verstehen.

Über eines jedoch wunderten sich die Kinder: Wohin sie auch gingen, Axi wußte immer vorher Bescheid, wie es dort aussehen würde, wie weit der Weg dorthin sei, daß man beispielsweise auch an einem See vorbeikomme.

Woher wußte er das?

Dies blieb das Geheimnis des kleinen Axolotls. Aber die Kinder ließen nicht locker – das würden sie schon noch herausfinden. Und eigentlich mußte Axi doch auch Deutsch lernen, oder?

Die Wunderohren

Eigentlich hatten Stefan, Michi und Julia sich nie über die vier Ohren am Kugelkopf des Knuddelmonsters gewundert. Sicher: Es war ihnen aufgefallen, daß Axi unter Wasser hörte. Daß er aber zwei der Ohren rotieren lassen konnte wie die Rotorblätter eines Hubschraubers, das fiel ihnen erst jetzt auf, bei den gemeinsamen Wanderungen.

Was tun Kinder, wenn sie etwas wissen möchten? Sie fragen. Aber das war nicht so einfach, denn der Axolotl sprach ja nicht Deutsch. Oder führte er sie nur an der Nase herum? Redeten die Kinder ihn auf Deutsch an, schaute er wie ein verträumtes Mondkalb, rollte die Kohleaugen und schüttelte den Kugelkopf.

Manchmal freilich wollte Stefan dem Wasser-und-Land-Kobold nicht so recht glauben. Der Junge und seine beiden vietnamesischen Freunde beobachteten nämlich, daß der Axolotl mitunter mürrisch, dann aber auch wieder verschmitzt dreinblickte, wenn sie deutsch auf ihn einredeten. So, als habe er sehr wohl verstanden. Ein deutsches Wort jedoch war noch nie aus seinem Breitmaul gekommen.

Jetzt wollten sie es genau wissen. An einem Freitagnachmittag beschlossen sie, Axi eine Falle zu stellen. Sie spielten auf der Wiese neben dem Axolotl-Weiher, wie das Biotop jetzt hieß.

„Schau mal, was der Pinscher hat, Michi", rief Stefan seinem Freund zu, „der hinkt ja."

Natürlich hinkte Nackthaut keine Sekunde. Stefan und Michi hatten das abgesprochen, sie wollten nur herausfinden, wie der Axolotl reagierte. Verstand er Deutsch, dann mußte er besorgt sein um seinen geliebten Freund.

Axi, der mit dem Rücken zu dem Rehpinscher stand und gerade ins Wasser springen wollte, hielt inne, drehte sich um und schaute Nackthaut an.

„Jetzt haben wir dich aber drangekriegt", jubelte Stefan, „du verstehst uns also doch!"

„Mierda!" fluchte Axi, und das war ein scheußliches spanisches Wort. Aber dann zog sich sein breites Maul an beiden Enden in die Höhe, was auch bei einem Axolotl Lachen bedeutete, und er piepste ganz komisch: „Ihr knappohrigen Blödmänner!"

Jetzt war's passiert. Axi gab's zu: Er konnte Deutsch, und das schon von Anfang an. Er wollte die Kinder bloß ärgern und sie dazu zwingen, Spanisch zu lernen.

„Ihr dummen Menschengesichter", sagte er, „ihr mit euren Sparohren werdet meine Sprache sowieso nie lernen! Claro, amigos? Und der Klügere gibt nach, sagt ihr doch immer. Und darum verrate ich euch jetzt auch, wie mein neuer Freund heißt: Nackthaut. Claro, amigos?"

Die Kinder mußten zuerst lachen – aber dann fanden sie den Namen für den Pinscher ganz treffend.

Stefan freute sich: „Du bist viel gescheiter als wir Kinder. Du bist alt und weise, und du weißt alles. Prima, daß wir jetzt in unserer Sprache miteinander sprechen können, da macht das Spielen viel mehr Spaß. Klasse!"

„Ich bin nicht alt", zeterte Axi, „ich bin jung. Ich war immer jung, und ich bleib es auch. Claro, amigos?"

Da hatte Stefan den Axi an einer wunden Stelle getroffen: Der Axolotl wollte auf keinen Fall alt sein, auch wenn er seine Ohren schon viele hundert Jahre hatte rotieren lassen. „Ein Axolotl wird nie erwachsen, in tausend Jahren nicht. Claro? Und wenn ihr das nicht glaubt, dann spreche ich gleich wieder spanisch."

„Nein, nein wir glauben dir's ja. Du bist Jahrhunderte alt, so hab ich das gemeint", beeilte sich Stefan.

Axi reckte sich. Jetzt fühlte er sich geschmeichelt. Das mochte er, denn er war ein stolzer Axolotl.

Jetzt konnten die Kinder fragen, was sie schon lange wissen wollten, und sie knöpften sich den Axi gleich vor: „Was machst du mit deinen vier Ohren?"

Aber Axi schaute nur mit seinen kohlschwarzen Augen und schüttelte den Kugelkopf: „Nichts Besonderes. Alle Axolotl haben vier Ohren. Warum, weiß ich auch nicht." Mehr wollte er dazu nicht sagen. Statt dessen spielte er den Müden, meinte: „Ich geh jetzt schlafen“, und sprang in seinen Tümpel. Dort legte er sich auf den Boden und grunzte.

„Schade“, seufzte Julia, „aber das kriegen wir auch noch raus, was du mit deinen Ohren kannst.“

„Mir ist da etwas aufgefallen“, erzählte Michi. „Vor ein paar Tagen spielte ich mit deinem Vater eine Partie Schach, Stefan. Du weißt, daß wir beide gleich gut oder schlecht spielen. Ich hatte einen Zug deines Vaters übersehen und wäre in drei Zügen matt gewesen. Da stubste mich jemand an. Unterm Tisch. Axi. Er zeigte mir mit den Händen E 4. Ich dachte nach und zog die Dame dorthin. Das war meine einzige Rettung. Dein Vater runzelte nur die Stirn, schaute mich überrascht an und machte dann zwei, drei Fehler, so daß er die Partie doch noch verlor. Ich weiß bis heute nicht, woher Axi seine Schachkenntnisse hat. Denn er war es, der mich warnte und den einzigen Rettungszug herausfand.“

Alle drei schwiegen. Bis Stefan das stille Nachdenken unterbrach: „Fragen hat keinen Sinn. Der Lurch will's nicht verraten. Wir müssen ihn überführen.“

Der Wahrheit kamen sie schon bald ein Stück näher, schneller, als sie gedacht hatten – und vor allem viel spannender.

Es begann damit, daß überall in der näheren Umgebung Plakate auf eine Gartenschau in der Kreisstadt aufmerksam machten.

„Das werden wir uns ansehen", sagte Vater Christian. „Falls ich nicht gerade am Himmel herumfliege."

Stefan war weniger begeistert. Wozu sollte er sich eine Gartenschau ansehen, wenn er zu Hause den schönsten Garten der Welt hatte? Aber Michi und Julia, wie immer neugierig und wißbegierig, waren Feuer und Flamme. Mutter Birgit zeigte sich interessiert, vor allem, weil auch tiergerechte Haltung in Gärten gezeigt werden sollte. Schließlich war sie ja stellvertretende Vorsitzende des örtlichen Tierschutzvereins.

Axi war so ziemlich alles egal. Er hatte seinen eigenen Tümpel, den Axolotl-Weiher, und er wurde mit so viel Jod versorgt, daß er zweimal um die Welt hätte wandern können.

Was hatte er schon für Gärten gesehen! Der heilige Tempelbezirk in der Azteken-Hauptstadt Tenochtitlan war so, wie die Menschen sich das Paradies vorstellen. Und was wollten diese engstirnigen Europäer mehr bieten als das aztekische Urvolk? Mit einem Wort: Dem Axolotl war diese Gartenschau egal.

Dann klingelte das Telefon, an einem Donnerstag vormittag.Mutter Birgit nahm den Hörer ab.

Käpt'n Brause war dran. Er wollte anfangs nicht so recht mit der Sprache heraus. Er habe da von der Gartenausstellung gehört. Hmm, er wisse nicht so genau ... Aber er habe doch da auch so ein paar Blümchen. Und die wolle er gern mal einer größeren

Menge zeigen. Ob er sich vielleicht doch anmelden solle. Schließlich sei er stolz auf die Blumen.

Der Käpt'n druckste so verlegen herum, daß Mutter Birgit weich wurde und versprach, ihn bei der Schau anzumelden. Sie schaffte es tatsächlich noch am selben Tag, obwohl eigentlich nur professionelle Züchter und Gärtner die Genehmigung bekamen.

Aber Birgit Steiner konnte sehr charmant sein, und schließlich bekam der Käpt'n die Genehmigung, seine Blumen zu zeigen. Nur noch ein stilles Eckchen in einer abgelegenen Halle war frei, aber immerhin.

Der olle Brause freute sich wie ein Schneekönig. Und er begann unverzüglich mit dem geheimnisvollen Transport seiner noch geheimnisvolleren Blumen, von denen eigentlich niemand etwas wußte.

Der alte Brummbär und Blumen? Das wunderte im Grunde alle. Aber jeder hat wohl seine kleinen Geheimnisse.

Am Sonntag morgen fuhren die Steiners, der Käpt'n, die Kinder und der Axolotl in die Kreisstadt zur Eröffnung der Gartenausstellung.

Der Landrat und die Bürgermeister der Gemeinden im Kreis hatten sich fein herausgeputzt. Im Festzelt spielte eine Blaskapelle. Vor der größten Halle war ein schwarzrotgoldenes Band gespannt. Und ein leibhaftiger Landwirtschaftsminister war gekommen, um dieses Band zur Eröffnung zu durchschneiden.

Er nahm zu diesem Anlaß eine Schere von einem Samtkissen, das ein in Tracht gekleidetes junges Mädchen vor ihm hertrug. „Ich erkläre hiermit die Gartenschau für eröffnet“, sagte er feierlich, und alle klatschten.

Nun setzte sich ein Zug mit festlich gekleideten Menschen in Bewegung.

Stefan hatte Axi auf den Arm genommen, damit ihn niemand aus Versehen treten konnte.

Axi genoß den Überblick. Er hatte zuvor einen Schluck aus der Jodpulle genommen, um für alles gewappnet zu sein.

Nur zwei seiner Ohren rotierten.

Aber Stefan schien das nicht sonderlich zu stören. Wahrscheinlich ärgerte sich Axi, daß Nackthaut zu Hause bleiben mußte, weil – so die Vorschrift – Tiere nicht in die Ausstellung durften.

Axi galt nicht als Tier. Er war ein Axolotl, und Axolotl sind nun mal was Besonderes. Sie gehen ohne weiteres als Spielzeug durch.

Hinter den angesehenen Bürgern, alle in Schwarz, gingen die Gärtner und Gartenbesitzer. Das heißt: Einige gingen nicht, sie schritten. So stolz war man auf das, was hier gezeigt wurde.

Mancher Gärtner bekam vor Freude einen roten Kopf, wenn der Minister einige lobende Worte über besondere Züchtungen verlor. Aber allmählich strebte die Menge dem Ausgang zu: Schließlich war hier das Festzelt.

Nur der Minister störte. Dauernd blieb er irgendwo stehen. Oh, diese Menschen, dachte Axi, die soll einer begreifen!

Aber ein Minister ist eben ein Minister.

Stefan bemerkte plötzlich, daß Axis Ohren sich wie bei einem aufmerksamen Pferd beim Geländespringen nach vorn neigten: Sie näherten sich der Halle, wo Käpt'n Brause seine „Blümchen" zeigen wollte.

Der Minister hatte offensichtlich einen Hang zu Orchideen. Immer wenn er welche sah, stand er eine Weile davor und nickte anerkennend.

Vor einer großen Staude südamerikanischer Züchtungen, die der Großgärtner Meindl zeigte, blieb er sogar minutenlang stehen, klopfte dem Erfolgszüchter auf die Schultern und sagte: „Das könnte der erste Preis sein."

Meindl wurde rot, schluckte mehrmals und versuchte die Hand des Ministers zu grabschen, um sie dankbar zu schütteln. Dann zog die Menge weiter.

Axi interessierte sich inzwischen mehr für die weiblichen Zugmitglieder. Das heißt: für deren Hüte. Die fand er schauerlich.

Aus einem Täschchen, das man ihm sicherheitshalber mitgegeben hatte, zog er ein paar Ananasstückchen, formte sie mit der Zunge zu kleinen Kugeln und bespuckte mit erstaunlicher Treffsicherheit die Kopfbedeckungen, die ihre Trägerinnen sicher für elegant hielten.

4 4698 - 8

Nach mehreren Angriffen aus dem breiten Maul des Lurchs sahen die Hüte aus, als wären sie in einen Platzregen geraten. Aber die Damen, die bei jedem Ananaseinschlag nur unmerklich zusammenzuckten und mit heimlichem Entsetzen gegenseitig ihre ramponierten Hüte betrachteten, wollten sich nichts anmerken lassen. Schließlich war ein Minister anwesend. Sie sahen sich nur ratlos nach dem Urheber des Bombardements um, konnten aber nichts entdecken.

Auf Axi kamen sie nicht. Der kicherte leise vor sich hin, machte aber sonst ein ganz unschuldiges Gesicht.

Stefan, dessen Interesse nur Käpt'n Brauses Ausstellung galt, merkte nichts davon.

Dann endlich kam der große Moment. Der Zug betrat die abgelegene Halle, wo der Käpt'n einen kleinen Platz ergattert hatte. Das heißt: Mutter Birgit hatte es ja für ihn getan.

Da stand der Graubärtige nun und wartete auf die Besucher. Er hatte seine Kapitänsuniform mit den goldenen Streifen an, und auf dem Kopf trug er eine weiße Schirmmütze. Weil die Uniform nicht mehr so gut paßte und die ungewohnte Krawatte ihm fast die Luft abdrückte, wirkte der Käpt'n mit seinem roten Kopf wie eine lebende Leuchtreklame. Er stand stramm, als erwarte er an Bord seines Schiffes den Besuch eines Admirals.

Stefan war enttäuscht über das, was der Käpt'n zu

bieten hatte: Nur ein paar Töpfe mit mehr oder weniger unansehnlichen Blüten.

Doch Axis Kohleaugen strahlten. Diese Blumen kannte er, allerdings nicht so große und nicht so farbige. Sie blühten am Rand des Xochimilco-Sees, wo der Axolotl zu Hause war.

Fast hätte er Heimweh gekriegt, wenn er so ein Gefühl gekannt hätte.

Plappernd und in Erwartung des kühlen Bieres im Festzelt wollte der Zug schnell am Käpt'n vorbei.

Ging aber nicht, denn der Minister blieb wie angewurzelt stehen. „Donnerwetter", sagte er. Und noch einmal: „Donnerwetter! Diese Orchideen habe ich noch nie gesehen. Und ich kenne mich aus, müssen Sie mir glauben. Blaue Orchideen mit weißen Punkten – die gibt es doch gar nicht! Die sind ja absolut unbekannt. Ihre Züchtung, Herr ... wie ist doch Ihr Name?"

„Brause, Kapitän Anton Brause, Herr Minister." Ja, es sei seine Züchtung, schwindelte der Käpt'n ein wenig.

Axi schaute streng. Aber dann fiel ihm ein, daß die Orchideen tatsächlich viel größer waren als zu Hause in Mexiko. Sie hatten auch eine hellere Farbe, und die weißen Punkte waren größer und klarer gezeichnet. Also verzieh Axi dem Kapitän. Er war sogar stolz darauf, daß er diese Blumen, aus denen die Azteken schon seit Hunderten von Jahren Hochzeitskränze flochten, so verschönert hatte.

Stefan stand staunend in der Menge. Von Botanik hatte er nicht viel Ahnung, und daß die „Blümchen" des Großonkels so viel Aufsehen erregten, wunderte ihn. Aber es freute ihn natürlich auch.

Inzwischen waren der Käpt'n, der Minister und interessierte Züchter in ein vielstimmiges Fachgespräch verwickelt. Von lanzettenförmigen Blütenblättern war die Rede, von Bestäubung, und schließlich waren alle der Meinung, daß diese Blumen die Sensation der Ausstellung seien und ihr zu internationalem Ruhm verhelfen würden.

Fotografen, die im Geist schon längst im Festzelt gewesen waren, eilten herbei und knipsten wie wild die Orchideen und ihren stolzen Besitzer.

Der Minister ließ es sich nicht nehmen, für die Fotografen dem Züchter immer wieder die Hand zu schütteln, was dem gar nicht so recht war. Der Käpt'n wirkte arg verlegen.

Der Meindl Anton, der sich inzwischen allein ins Festzelt verdrückt hatte, war gehorsam aufgestanden, um dem Herrn Minister bei der Ankunft im Festzelt seinen Respekt zu bezeugen. Doch der war ganz nervös und sagte, als Orchideenkenner habe er so was wie Käpt'n Brauses Orchideen noch nicht gesehen. Und der Gärtner Meindl müsse sich diese außergewöhnlichen Pflanzen dringend anschauen. Sie seien der Stolz der ganzen Gartenschau.

Da wurde der Meindl blaß um die Nase und ließ sich kraftlos auf eine Bank fallen. Er hätte weinen können. Er war ganz sicher gewesen, den ersten Preis für seine Orchideen zu bekommen. Und nun kam so ein hergelaufener Salzwasser-Kapitän und machte ihm diese Ehre streitig. Und überhaupt: Wie seine Freunde und Kollegen plötzlich den Bärtigen hofierten, das fand der Meindl einfach widerlich.

Der Käpt'n übrigens auch. Er hatte doch seine Blumen nur mal den Sachverständigen zeigen wollen. Und jetzt dieses Theater! Richtig peinlich war ihm das.

Axi, der das merkte, kicherte weiter vor sich hin. Noch immer saß er auf Stefans Arm und spielte den braven Bubi. Nur seine Ohren, zumindest zwei von den vieren, rotierten ständig mit beängstigender Geschwindigkeit.

Dann entzogen sich die Steiners, Michi und Julia dem Trubel und saßen ganz am Rande des Geschehens und tranken Sprudel. Sie freuten sich über den Erfolg des Käptn's, wenn sie auch nicht in seiner Haut stecken mochten.

„Stellt euch mal vor, es gäbe eine Axolotl-Schau", kicherte Axi, der jetzt auf einem Stuhl saß und nicht mal über die Tischkante schauen konnte. „Ich bin zwar schön, aber ein paar tausend meiner Art, grauenhaft!"

Da mußten die Kinder lachen und gaben ihrem kleinen Freund ein Mineralwasser aus.

Im Haus der Steiners stapelten sich an den folgenden Tagen die Zeitungen. In allen regionalen und sogar in einigen überregionalen Blättern war der Käpt'n abgebildet. Mit Blumen und Minister.

Käpt'n Brause hatte sich zu den Steiners geflüchtet, weil er in seiner Stadtwohnung keine Ruhe mehr fand. Ständig riefen Leute von Fachzeitungen an und wollten Interviews mit ihm machen. Der Käpt'n sah nur einen Ausweg: türmen.

Die Kinder fanden das prima, denn der Großonkel kannte sich gut in der Natur aus und zeigte ihnen Dinge, die sie nicht kannten.

Axi, wißbegierig wie immer, hörte genau zu und interessierte sich besonders für seine Amphibien-Kameraden, die Molche und Salamander. Aber seine Enttäuschung war groß, daß keiner von denen mit ihm sprechen wollte. Er versuchte es auf Deutsch, Bayerisch, Spanisch, Aztekisch, aber ein Gespräch kam zu seinem Ärger nie zustande. Dann verdrehte er seine Knopfaugen und sagte nur: „Idiota. Claro, amigo?“ Nicht ohne darauf hinzuweisen, daß das „Idiot“ hieße.

Aber auch das verstanden die Amphibien nicht.

Der Käpt'n ging auch ins SOS-Kinderdorf und erzählte den Jungen und Mädchen von seinen Reisen und Abenteuern. Michi und Julia paßten genau auf, daß er nicht flunkerte; denn ein bißchen „Seemannsgarn“ spann der Alte gern.

Alle zwei Tage fuhr er zur Gartenausstellung, um nach seinen Blumen zu schauen, die ständig umlagert waren. Zu ihrem Schutz hatte man einen stämmigen Wachmann daneben gestellt. Der achtete darauf, daß niemand die Blumen berührte oder beschädigte. Aber die Interessenten flüsterten nur ehrfurchtsvoll oder fotografierten die kostbaren Blüten.

Anschließend ging der Käpt'n regelmäßig mit den Kindern ins Festzelt, bestellte für seine Begleiter Sprudel und für sich ein Bier. „Da ist nämlich auch Jod drin", sagte er lachend. Aber das hatte er schon so oft gesagt, daß die Kinder nicht mehr darüber lachen konnten.

Und Axi erst recht nicht.

Überhaupt machte der Axolotl in den letzten Tagen einen etwas nachdenklichen Eindruck. Und seine Ohren rotierten auch häufiger als sonst.

Aber wenn er gefragt wurde, was ihn bedrückte, druckste er herum und wollte nicht mit der Sprache raus.

Am nächsten Tag, einem Mittwoch, wußten sie, was den Axolotl so traurig gestimmt hatte: Die Orchideen des Käptn's waren weg! Verschwunden!

Als die Ausstellungsleitung am Morgen die Türen zu den Hallen öffnete und der Wachmann seinen Posten bei den blauen Orchideen einnehmen wollte, da war die kleine Anlage leer. Nur ein paar zerbrochene Scherben von den Orchideentöpfen waren von der ganzen Pracht geblieben.

Es gab keine Fußspuren, keine aufgebrochenen Schlösser an den Hallentüren, man hatte keine verdächtigen Typen gesehen, nicht mal irgendwelche Schatten. Käpt'n Brauses Blümchen waren einfach verschwunden. Spurlos.

Der Direktor der Gartenschau war eigens vorbeigekommen, um dem Kapitän von dem Verbrechen zu erzählen. Er versicherte immer wieder, wie leid es ihm täte, daß die Prachtstücke verschwunden seien.

Axi aber dachte: Der ist doch nur so traurig, weil die Hauptanziehungsstücke seiner Ausstellung weg sind!

Im übrigen war Axi keine Spur sauer. Denn nur er wußte genau, warum der Käpt'n die ganze Angelegenheit in Wirklichkeit auf die leichte Schulter nahm, obwohl er so tat, als müsse er aus Schmerz jeden Moment zusammenbrechen.

Axi hatte zwei seiner Radarohren kreisen lassen und mit ihrer Hilfe herausgefunden, daß der Kapitän natürlich nicht alle seine Orchideen zur Ausstellung gebracht hatte. Die schönsten standen noch hübsch zu Hause. Und er konnte aus diesen Zuchtexemplaren so viele blaue Orchideen mit weißen Punkten ziehen, wie er wollte.

Aber der Kapitän schrie Zeter und Mordio um seine unersetzlichen Pflanzen.

Dabei wußte Axi ja schon lange, daß sie verschwinden würden. Nicht, daß der Kapitän seine Hand im Spiel gehabt hätte – aber so ein kleiner Schadenersatz, der seine Pension ein bißchen aufbesserte, dagegen hätte der Anton Brause gar nichts gehabt.

Die Kinder, die Steiners und der Käpt'n ahnten noch nichts von der geheimnisvollen Fähigkeit der Axolotl-Ohren.

Das ganze Geheimnis sollte erst noch gelüftet werden ...

Gespräch auf Spanisch

Stefan, Michi und Julia waren auf dem Weg zum SOS-Kinderdorf, um Kuchen von Mutter Birgit dorthin zu bringen.

Birgit wollte im Tierschutzheim nach dem Rechten sehen. Und Vater Christian müßte zu dieser Stunde mit seinem Riesenvogel in der Stadt Kalkutta in Indien gelandet sein.

So saß der Kapitän mit dem Axolotl allein im Garten. Axi streichelte seinen Hund Nackthaut, den er zwar mochte, aber für etwas einfältig hielt. Er hatte versucht, ihm irgendeine Sprache zu entlocken; er hatte sich angestrengt, aus dem Bellen des Pinschers Worte herauszuhören oder zumindest einen Sinn. Alles vergeblich. Axi war enttäuscht, bitter enttäuscht. Dabei wollte er sich so gern mit Nackthaut unterhalten. Also begnügte er sich damit, ihm Befehle einzutrichtern, die der kleine Hund auch tatsächlich ausführte, so gut er konnte.

Plötzlich neigte der Axolotl den Kopf, richtete seine Knopfaugen auf den Käpt'n und fragte auf Spanisch, sehr scheinheilig: „Können wir offen darüber reden?"

„Worüber?"

„Das weißt du genau, du alter Schurke."

„Ich versteh' dich nicht!"

„Du verstehst genau. Es geht um die blauen Orchideen mit den weißen Punkten. Nicht die, die geklaut worden sind. Die, die du zu Hause sorgfältig hütest."

Der Kapitän schaute den Axolotl verdutzt an. „Woher weißt du ... ach Quatsch ... Wo soll ich denn noch Orchideen haben?"

Der Axolotl grinste und schaute den Käpt'n frech an: „Da unten im Keller in deiner Wohnung in der Stadt. Da unten hast du ja auch die Regale für deinen Rotwein. Da ist es gut temperiert, und hinter dem linken Weinregal stehen die Töpfe mit den Orchideen. Es sind mindestens fünfunddreißig, wenn nicht sogar achtunddreißig Pflanzen. Ganz gesund, prächtig in der Blüte und noch schöner als die, die du hier gezeigt hast."

Käpt'n Brause wäre fast die Pfeife aus dem Mund gefallen. „Woher weißt du das?" fragte er halb neugierig, halb überrascht. „Das weiß außer mir kein Mensch. Kannst du durch Wände sehen?"

Axi grinste wieder: „So kann man es nennen, amigo."

„Und wie machst du das?"

„Eigentlich müßtest du es doch längst gemerkt haben. Ich habe viel gesehen in meinem Leben, und das meiste habe ich vorhergesehen. Es ist eine Gabe, die nicht jeder Axolotl hat. Aber viele haben sie, und meine Familie gehört zu den glücklichen."

Käpt'n Brause dachte nach. Und das tat er, wie immer, ziemlich lange. „Gut", sagte er schließlich. „Ich habe außer dir noch keinen Axolotl getroffen, der im Wasser durch Kiemen und an Land durch die Nase atmen kann. Warum also solltest du nicht noch andere Fähigkeiten haben, von denen ich nichts weiß?"

Axi kicherte: „Hi, hi, hi. Worauf du dich verlassen kannst. Aber wenn du, wie gesagt, ein wenig aufgepaßt hättest, wäre dir vieles aufgefallen."

„Was zum Beispiel?"

„Nun", Axi sprach langsam wie ein Lehrer, der ungeduldig wurde, „wie viele Ohren habe ich?"

„Na vier, das sieht doch jeder."

„Also, und was fällt dir an den Ohren auf?"

„Zwei sehen ganz normal aus. Die beiden anderen allerdings bewegen sich oft so komisch. Wie die Rotorblätter eines Hubschraubers."

Axi grinste wieder: „Komisch ist daran gar nix; trotzdem hast du's gut beschrieben. Rotoren haben nur den Sinn, einen plumpen Flugapparat mit Getöse in die Luft zu heben. Meine Ohren haben einen ganz anderen Sinn." Axi nahm einen Schluck aus der Mineralwasserflasche, streckte sich lang auf dem Boden aus und räkelte sich in der Sonne. Er schien einzuschlafen. Offenbar hatte er die neugierigen Fragen des Kapitäns schon vergessen.

Der Käpt'n aber bohrte weiter: „Nun schlaf nicht ein, sag mir lieber, welchen Sinn, verdammt noch mal, deine Ohren haben." Er brüllte fast.

Axi richtete sich auf. „Also zunächst mal: Hör mit der Brüllerei auf! Auch meine normalen Ohren hören gut. Außerdem solltest du nicht so fluchen. Das schickt sich nicht in deinem Alter. Übrigens habe ich tatsächlich besondere Fähigkeiten. Nicht alle Axolotl können das, was ich kann." Demonstrativ ließ Axi seine beweglichen Ohren kreisen, als ob er wirklich wie ein Hubschrauber vom Boden abheben wollte.

Der Kapitän lächelte listig: „Dann beweis mir doch mal, was du anderen Axolotl und den Menschen voraushast. Ich will dir's knallhart sagen: Du bist ein Angeber. Ein geschickter zwar, aber ein Angeber. Solche wie dich haben wir früher in der Schule verhauen." Der alte Brause sah schon aus den Augenwinkeln, daß sein Angriff saß.

Axi schaute sauer wie eine Essiggurke aus der Wäsche. Dann knurrte er: „Okay, ich will's dir beweisen. Aber nur dir, du mißtrauisches altes Ekel. Ich weiß, daß die Kinder auch etwas vermuten, und sie sind höflicher, oder, sagen wir mal, weniger unverschämt als du. Also: Ich weiß, wer deine Orchideen geklaut hat. Ich wußte schon vorher, daß er sie klauen würde. Und wenn ich nicht von deinen schönen Orchideen im Weinkeller gewußt hätte, hätte ich den Diebstahl auch verhindert. So, jetzt weißt du Bescheid."

„Gar nichts weiß ich. Was du daherquatschst, ist keine Erklärung, nur eine Behauptung. Beweisen kann das gar nichts."

Der Axolotl wurde wütend. „Du bist wirklich unausstehlich!“ Seine sonst blaßgrüne Haut färbte sich rosig. Das ist bei allen Axolotl so, wenn sie sich ärgern.

Axi kreischte vor Wut: „Es sind Radar-Ohren, du blöder Seemann! Und von Radar müßtest du als Kapitän eigentlich was verstehen. Ich kann durch Wände hören, ich kann die Gedanken von euch Menschen lesen. Und ich ärgere mich jetzt, daß ich auf dich hereingefallen bin. Dabei war mir klar, daß du mich nur provozieren wolltest, um Einzelheiten zu erfahren ... Aber nun ist's raus. Vielleicht ganz gut so. Und jetzt halt die Klappe.“

Käpt'n Brause kratzte sich gedankenversunken am Kopf. Die Klappe hielt er natürlich nicht.

„Nun gut, ich weiß, wie Radar funktioniert. Wir haben auf See manchen Unfall vermeiden können, weil bei Nebel oder Sturm Objekte auf dem Radarschirm auftauchten, denen wir ausweichen konnten. Das war zwar ein komplizierter Vorgang, aber man konnte ihn erklären. Aber wie das bei euch Axolotl geht ...“

Irgendwie freute sich Axi über Käpt'n Brauses Interesse an seinen Ohren. Jedenfalls war er nicht mehr so abweisend und ließ sich eine Erklärung einfallen: „Du hast doch vielleicht mal durch ein Nachtsichtgerät geschaut, so ein Otto, mit dem du in stockfinsterer Nacht alles erkennen kannst. So ähnlich funktionieren meine Ohren.

Ich muß dir das ganz simpel erklären, damit du alter Trottel das auch verstehst."

Käpt'n Brause grinste nur.

„Wie ich es allerdings schaffe, mit den Ohren Gedanken lesen zu können, weiß ich selber nicht", gab Axi zu. „In meiner Kindheit, vor vielen hundert Jahren, waren die Ohren eigentlich nur dazu da, um auf dem zappendusteren Seegrund Hindernissen auszuweichen, wie du es mit dem Radar auf deinem Schiff auch getan hast. Oder aber, um mich vor Raubfischen zu schützen, die unsereins gern als Nachtisch verspeisten. Aber von Jahrhundert zu Jahrhundert verfeinerten sich die Lauschgeräte an meinem Kopf. Ich lernte, Gedanken zu lesen. Über viele Kilometer entfernt. Das ist manchmal nicht ganz angenehm. Aber dann schalte ich die Radar-Ohren einfach ab. Und hören kann ich mit meinen normalen Ohren genug."

„So, so", brummte der Kapitän. „Ich hoffe, deine normalen Ohren genügen dir, solange du bei den Steiners zu Gast bist. Denn die sind doch wirklich nett zu dir. Besonders die Kinder. Was ist eigentlich mit den Kindern? Willst du die nicht auch mal aufklären?"

„Das hat Zeit. Eines Tages werde ich es müssen. Die merken sowieso schon zuviel. Aber, wie gesagt – das wird noch ein bißchen dauern."

„So, und nun mal raus mit der Sprache!" dröhnte der Kapitän. „Wer hat meine Blümchen geklaut?"

„Ich hätte es dir sowieso gesagt", meinte Axi. „Nicht weil du deinen dämlichen Preis auf der Blumenschau kriegen sollst. Ich hätte es dir gesagt, und ich sage es dir jetzt, weil ich Gerechtigkeit möchte. Der Dieb ist Anton Meindl, der Großgärtner."

Käpt'n Brause schwieg lange. „Ich hätte es wissen müssen", sagte er dann ganz ruhig. „Der Mistkerl. Wie kann man nur so neidisch sein! Der soll seine Abreibung kriegen!"

Axi sah den Seebären skeptisch an. „Wie willst du es ihm denn beweisen? Es gibt keine Spuren. Die Polizei hat überhaupt nichts in der Hand. Und du erst recht nicht. Wenn du dem Meindl, der Ausstellungsleitung oder der Polizei sagst, das habe dir alles ein hellsichtiger Axolotl erzählt, lachen die sich tot. Weißt du, was dann passiert? Dann kommen ein paar starke Männer in weißen Kitteln aus der Nervenheilanstalt und holen dich mit einer Zwangsjacke ab."

„Aber ich will ihn doch nur mal richtig durchwalken, den Mistkerl", stöhnte der Käpt'n.

„Damit er die Polizei holt und du wegen Körperverletzung brummen mußt? Nee, da mußt du dir schon was Besseres einfallen lassen." Damit bedankte sich der Axolotl für das ausführliche, auf Spanisch geführte Gespräch, machte einen Kopfsprung in den Tümpel und ließ den Seebären mit seinen Rachegelüsten allein.

Ein schlauer Plan

Allmählich kam wieder Leben in den friedlichen Garten der Familie Steiner.

„Anton, du bleibst doch zum Essen?“ fragte Mutter Birgit.

„Bitte?“ fragte der Käpt'n wie abwesend.

„Ob du zum Essen bleibst ...“, wiederholte Birgit Steiner noch einmal etwas lauter, wobei sie die Hände wie einen Trichter um den Mund legte.

„Ja, ja“, brummte Brause geistesabwesend.

Dann kamen Stefan, Michi und Julia aus dem SOS-Kinderdorf zurück. Und schon wurde es laut im sonnigen Gartenparadies.

„Na, hast du den schönen Nachmittag verpennt?“ fragte Stefan den Käpt'n respektlos. Und er schaute ganz verdutzt, als der ihm wieder geistesabwesend „ja, ja“ antwortete.

Michi und Julia stießen sich an und lachten.

„Ist was mit dir los, Onkel Anton?“ wollte Stefan wissen.

„Nee, nee, laßt mal. Ich muß nachdenken.“

Axi tauchte auf, um die Freunde zu begrüßen. „Schaut euch dieses seltene Bild ruhig an“, feixte er. „Der Käpt'n denkt.“ Er versuchte den Käpt'n nachzumachen, eine Hand an die Stirn zu legen, den Kopf

5 4698 - 8

zu senken und den anderen Arm aufs linke Knie zu stützen – was ihm aber wegen seiner kurzen Arme und Beine völlig mißlang.

„Nun kommt mal rein zum Essen“, rief Mutter Birgit.

Mit Freudengeheul stürzten die Kinder ins Eßzimmer, der Axolotl hüpfte zwischen ihren Beinen herum, während der Kapitän mit langsamen, schlurfenden Schritten folgte.

Es gab Spaghetti mit Knoblauchsauce. Die Kinder hauten rein, als ob es in den nächsten Jahren nichts mehr zu essen gäbe, der Käpt'n aber stocherte ungewohnt langsam in den Nudeln herum. Man merkte, daß seine Gedanken ganz woanders waren.

Wie konnte er den Mistkerl kriegen? Käpt'n Brause fühlte sich zwar sehr geschmeichelt, daß der Großgärtner Meindl es ausgerechnet auf seine Blümchen abgesehen hatte. Ein Beweis, wie schön und wertvoll die Orchideen waren; denn häßliche Pflanzen stiehlt ja wohl keiner. Aber so geht's nicht! dachte der Seebär. Man kann sich doch nicht einfach nehmen, was man will und was einem nicht gehört.

Käpt'n Brause glaubte dem Axolotl. Zu oft hatte er sich über die ungewöhnlichen Fähigkeiten des frechen kleinen Kerls gewundert. Nun hatte er die Erklärung. Oder hatte Axi ihn etwa auf den Arm genommen? Nein, das war nicht seine Art.

Der Käpt'n schaute den Kindern zu, die noch immer Unmengen Spaghetti reinschaufelten. Wieviel wußten die wohl? Sollte er sie aufklären? Oder sollte er das Axi überlassen? Wahrscheinlich war das besser. Ihm schien der Axolotl ein guter Pädagoge, ein guter Erzieher zu sein.

Der „gute Pädagoge" kämpfte mit den langen Spaghetti wie mit Riesenschlangen, und das sah gar nicht sehr „erzieherisch" aus. Hatte er endlich eine Nudel erwischt, rutschte sie schnell wieder aus seinem etwas zu breit geratenen Maul.

Nach dem Essen saßen alle noch auf der Terrasse zusammen. Michi und Julia würden bald gehen, um rechtzeitig im SOS-Kinderdorf zu sein. Der Kapitän hatte keine Lust, in die Stadt zurückzufahren, was Mutter Birgit und Stefan ganz recht war; denn abends spann der Käpt'n gern sein Seemannsgarn. Und da durfte auch gelacht werden.

Ganz schlimm trieb's dabei der Axolotl. Er kicherte schrill und piepsig über die Abenteuer seines alten Freundes, als ob er kein Wort glaubte und ihn nur auslachte. Aber wenn's spannend wurde, hielt sogar der freche Axi sein Breitmaul und hörte ruhig zu.

Julia und Michi gingen an solchen Abenden nicht allzugern ins Kinderdorf. Auch wenn sie sich dort wohl fühlten, so hätten sie lieber noch länger den spannenden Seemannsgeschichten gelauscht.

Michi hatte manchmal schon daran gedacht, auch

zur See zu fahren. Er, Julia und die vielen anderen Kinder im SOS-Kinderdorf konnten sich aussuchen, was sie werden wollten, ganz wie es ihren Fähigkeiten entsprach.

Aber wenn Michi mal seinen Wunsch äußerte, zur See zu fahren, dann schüttelte der Käpt'n den Kopf. „Schau, Junge", pflegte er dann zu sagen, „schau dir mal an, was heute auf den sieben Weltmeeren herumschippert! Riesentanker, auf denen eine Handvoll Menschen gelangweilt lebt, weil alles automatisch geht. Und die Containerschiffe? Daß ich nicht lache! Die sind im Hafen so schnell ent- und beladen, daß die Mannschaft überhaupt nicht an Land kommt. Und das war doch das Schöne früher: Man sah fremde Länder, fremde Menschen, sprach mit ihnen. Es gab wunderbare Freundschaften. Da haben es doch die Piloten, wie Stefans Vater, schon viel besser. Die werden am Ankunftsort ausgewechselt, bleiben ein paar Tage, bis sie wieder ein anderes Team ersetzen und den Jumbo nach Hause fliegen. Nee, nee, das mit der christlichen Seefahrt, das schlag dir mal aus dem Kopf!"

Julia wollte gern Lehrerin werden. Das hatte sie sich ganz fest vorgenommen.

Und Axi, der ja sowieso immer nur Blödsinn im Kopf hatte, schwor Stein und Bein, daß er ein Axolotl bleiben werde. Weil man dann lange lebt und gut versorgt wird. Und überhaupt hat das Axolotl-Dasein ganz viele Vorteile, fand Axi.

Stefan wußte noch nicht, was er später machen würde. Arzt wäre nicht schlecht. Aber Mutter Birgit lächelte über diesen Plan und sagte ganz leise: „Bei deinen Noten?“ Dann überlegte Stefan weiter: Pilot, wie sein Vater. Aber immer unterwegs sein und selten zu Hause? Beim nächsten Mal wünschte er sich, Sportreporter zu sein – oder Kriminalpolizist. Jedenfalls irgendwas, das ihm Spaß machte. Aber das änderte sich von Tag zu Tag.

Zur Zeit war wieder Polizist an der Reihe. Aber der Vater hatte gesagt, daß man dafür viel Talent, Phantasie und Fleiß brauche.

Es müßte einfach irgendwas Abenteuerliches passieren, damit Stefan zeigen könnte, was in ihm steckte.

Käpt’n Brause wußte genau, daß Stefan sich so etwas wünschte. Er überlegte nun, ob die verschwundenen Orchideen nicht eine große Herausforderung für einen künftigen Meisterpolizisten sein könnten. Aber wie sollte er Stefan erzählen, woher er sein Wissen hatte? Er konnte ihm doch nicht einfach verraten, wie der Axolotl seine Ermittlungen anstellte. Axi würde ihm ewig böse sein.

Der Käpt’n konnte auch nicht einfach sagen, der Meindl sei der Dieb. Da würde Stefan doch sofort fragen: „Wie kommst du denn darauf?“ Ja – wie? Ein bloßer Verdacht reichte eben nicht aus, um jemanden zu beschuldigen.

Nein, nein, so ging das nicht, und deshalb beschloß der Käpt'n, sich mit dem Axolotl abzusprechen. Wenn der mitmachte, könnte man ja zu dritt, das heißt, mit Michi und Julia sogar zu fünft, an die große Sache herangehen.

Käpt'n Brause zog sich Gummistiefel an, um im Feuchtbiotop keine nassen Füße zu bekommen, stellte sich an den Rand des Tümpels und rief erst leise, dann immer lauter nach dem Axolotl.

Keine Antwort.

Da wurde der Käpt'n wütend und schlug mit einem Stock ins Wasser.

Endlich tauchte Axi auf. Ganz langsam kam sein Kopf aus dem Wasser. Seine Kohleaugen waren vor lauter Müdigkeit richtig verhangen. „Was ist los? Stürzt die Erde ein?"

„Nein, noch nicht", sagte der Kapitän. „Ich will nur mit dir reden."

„Und das zur besten Axolotl-Schlafenszeit? Hat das nicht Zeit bis morgen?"

Der Käpt'n schaute sich den verschlafenen Axi an und bekam Mitleid. „Na, meinetwegen", sagte er, „dann eben morgen. Aber denk daran: Es ist ziemlich wichtig."

„Schon gut, ich vergeß es nicht", sagte der müde Axolotl, gähnte überlaut und tauchte ab.

Am nächsten Morgen saß Axi schon bald frohgelaunt im Gras, als der Käpt'n langsam in den Garten kam und auf ihn zuging. „Also, Axi, hör mir mal gut zu."

„Ich höre."

„Es geht um meine Blümchen." Der Kapitän stocherte mit einem Stock im Schilf herum. „Im Grund sind sie mir ja egal, weil ich genug davon habe. Aber es geht um etwas anderes. Einmal habe ich, wie du, etwas gegen Menschen, die Unrechtes tun. Und zum zweiten: Der Stefan soll sich mal als Meisterpolizist beweisen. Das tut ihm gut. Nur: Wenn ich ihm sage, daß der Meindl Anton die Blumen gestohlen hat, würde der Stefan mich doch mit Fragen löchern – woher ich das wisse und so."

Der Axi schloß seine Kohleaugen, und das bedeutete, daß er nachdachte. „Das heißt, du verlangst von mir, daß ich ihm mein Geheimnis verrate?"

„Offen gesagt, ja!" meinte der Kapitän und lupfte seine Seemannsmütze, als ob ihn gleich der Hitzschlag treffen würde. Dabei hatte es knapp zwanzig Grad.

„Du weißt, was du von mir verlangst?"

„Ja, ich weiß", sagte der Käpt'n. „Aber die Kinder sollten es wissen; irgendwann kommen sie ja doch selbst darauf. Die Erwachsenen brauchen überhaupt nichts zu wissen. Die haben keine Phantasie, sie können sich nicht vorstellen, daß es so etwas wie dich gibt. Ich glaube, das kann man erst wieder, wenn man so alt ist wie ich."

„Eine schlaue Rede", gab Axi zu. „Also gut. Wenn heute nachmittag Stefan, Michi und Julia im Garten sind, gebe ich eine Extra-Sondervorstellung. Sie sollen alles wissen. Jedenfalls so ziemlich alles. Und dann schmieden wir einen Plan. Ich liebe es, Pläne auszuhecken. Vor allem schlaue Pläne. Ja, so richtig schlaue Pläne, das ist gut.“ Der Axolotl lächelte vielsagend, und der Käpt'n wußte, daß der Axi sich allerhand vorgenommen hatte.

Der Angriff beginnt

Käpt'n Brause pfiff leise vor sich hin. Er fühlte sich fünfzig Jahre jünger. Schlaue Pläne liebte er auch.

Es war Nachmittag, und Axi schwamm fröhlich in seinem Teich herum.

Nun fehlten nur noch die Kinder zum Pläneschmieden.

Sie kamen mit dem üblichen Lärm in den Garten.

„Axi", brüllte Stefan schon von weitem, „wir haben was für dich. Einen Sombrero. Schau mal." Er schwenkte einen breitkrempigen Hut in der rechten Hand. „Michi hat ihn unter den Spielsachen im Heim gefunden. Vielleicht paßt er dir."

Axi kam hastig herangeschwommen. Eitel war er eigentlich nicht, dafür aber sehr neugierig. Kaum hatte er den mexikanischen Cowboyhut aufgesetzt, wälzten sich die Kinder vor Lachen im Gras: Der Hut saß nämlich wie ein zu klein geratener Pilz auf Axis rundem Schädel.

Doch dem Axolotl machte das gar nichts aus. Er schob das Hütchen an der Krempe nach hinten und ließ es an den Riemen auf dem Rücken baumeln, so, wie man das in Wildwestfilmen sieht. Dann winkte er die Kinder heran, und sie setzten sich alle auf die Gartenstühle.

Erst mal sagte der Axolotl gar nichts und ließ die Kinder warten, während der Käpt'n vor sich hin grinste.

Stefan wurde ungeduldig: „Nun, was gibt's?"

„Also", begann Axi, „ich bin ein Axolotl."

„Das wissen wir doch längst", meinte Stefan.

„Laß mich ausreden, du Flaps", bellte Axi zurück.

Stefan schwieg tatsächlich.

„Ihr habt es Herrn Kapitän Anton Brause zu verdanken, daß ich euch in meine Geheimwissenschaft einweihe", fügte der Axolotl würdevoll hinzu. „Ohne sein Zureden würdet ihr so blöd bleiben, wie ihr nun mal seid."

Er hatte tatsächlich „Herr Kapitän" gesagt. Das war ganz ungewöhnlich, und vielleicht widersprach schon deshalb niemand.

Also fuhr Axi in seiner Ansprache fort: „Wir sind hier zusammengekommen, weil ..."

Jetzt machte sich Unruhe bei den Zuhörern breit.

„Du bist doch kein Politiker", meckerte Stefan. „Red vernünftig."

Axi rülpste und hielt sich dabei allerdings die Hand vor den Mund. „Also, dann laßt uns reden wie immer, ihr dämlichen zweiohrigen Trockenkälber. Denn mehr seid ihr nicht. Kleingeister mit Fliegenhirn. Claro, amigos?"

„He, he", tönte es da wie aus einem Mund von Stefan und Michi. Nur Julia schaute mit ihren großen braunen Augen mehr erstaunt als ärgerlich.

„Ihr werdet schon noch merken, daß es mehr gibt, als eure Spatzenhirne begreifen können. Aber laßt mich ausreden. Wenn ihr mich noch mal unterbrecht, tauche ich ab, rede kein Wort mehr mit euch. Und ihr bleibt dumm."

Der Kapitän nickte stumm dazu.

„Also, ihr könnt den Käpt'n fragen, er hat sich davon überzeugt, daß ich außergewöhnliche Gaben habe!" Nach dieser bemerkenswerten Feststellung reckte Axi seine ganzen dreißig Zentimeter in die Höhe, was sicherlich noch eindrucksvoller ausgesehen hätte, wäre da nicht der dämliche Cowboyhut auf seinem Rücken gewesen.

„Weiß ich schon lange", sagte Stefan. „Du kannst mit den Ohren wackeln."

Diese respektlose Bemerkung ging in einem Lachsturm unter. Selbst der Käpt'n grinste.

„'tschuldigung", sagte Stefan, als er merkte, daß Axi sich durch den Scherz getroffen fühlte. „Ich habe das nicht so gemeint. Ich weiß schon längst, daß du mehr weißt und kannst als ein normaler Mitteleuropäer."

Axi schien die Entschuldigung anzunehmen; denn er nahm einen Schluck Mineralwasser, schob ein Stückchen Ananas nach und schien sich auf eine längere Rede vorzubereiten.

„Also, hört ihr jetzt zu? Kann ich endlich anfangen?"

„Na klar", meinte Julia, denn sie war die neugierigste von allen.

„Also“, setzte Axi wieder an, „so ganz falsch lag Stefan mit dem Ohrenwackeln nicht. Ich benutze zwei meiner Lauscher, um Geheimnisse zu ergründen, hinter die ich normalerweise nie kommen würde. Ihr könnt euch bei Käpt'n Brause erkundigen. Der weiß, wie das so ungefähr funktioniert. Jedenfalls habe ich auf meine Weise feststellen können, wer die schönen Blumen des Kapitäns geklaut hat. Das heißt, ich wußte es schon vorher, daß der Dieb das tun würde.“ Axi schwieg und wartete ab.

Dafür tobten die Kinder wie wild auf ihren Stühlen. „Wer war der Mistkerl? Den packen wir uns!“

Axi hob seine kurzen Ärmchen, spreizte seine vier Finger an jeder Hand und bat um Ruhe und Besonnenheit. „Bevor ich euch sage, wer es war und wir einen Plan für eine Attacke gegen den Dieb schmieden, sollte euch der Kapitän erklären, wie ich das herausgefunden habe. Und du, Michi, solltest keine Zweifel an meinen Fähigkeiten hegen. Das tust du gerade! Claro, amigo?“

Michi wurde rot unter der braunen Haut, denn er hatte wirklich gezweifelt, ob Axi die Wahrheit sagte oder ob er die Kinder auf den Arm nahm. Nun hatte Axi ihn tatsächlich und wahrhaftig beim Nachdenken erwischt. Dem Michi war's peinlich – und unheimlich. Wie konnte Axi das, mit welchen Geistern ging das zu?

Käpt'n Brause erklärte den Kindern knapp und sachlich, wie Axis Wunderohren wirklich funktionierten.

Jetzt war das ganze Geheimnis endgültig gelüftet.

Die Kinder saßen mit offenen Mündern da und starrten das Wundertier aus Mexiko staunend an. Niemand traute sich etwas zu sagen. Das war ja unglaublich!

Der Axolotl genoß den Triumph und sagte von oben herab: „Aber ihr braucht keine Angst zu haben. Im Freundeskreis verschließe ich meine Radar-Ohren. Ihr könnt denken und tun, was ihr wollt. Normalerweise sind nur meine beiden unteren Ohren in Betrieb. Und die sind auch nicht besser oder schärfer als eure häßlichen Schlappohren."

Dann erst wagte Stefan zu fragen: „Wer war's denn nun?"

„Der Meindl war's", sagte Axi. „Der Anton Meindl."

Das traf die Kinder ziemlich hart. Sie mochten den Großgärtner eigentlich, denn er war immer gut aufgelegt und brachte manchmal sogar Blumen ins SOS-Kinderdorf. Außerdem half er neu angekommenen Waisenkindern.

„Bist du da ganz sicher?" hakte Stefan nach.

Zunächst wollte der Axolotl beleidigt sein, doch dann überlegte er sich's noch einmal und sagte: „Ich bin ganz sicher. Ich weiß auch, daß der Meindl ziemlich beliebt ist. Aber ihr Menschen seid schon besondere Lebewesen. Da hatte der Gärtner sich erst ganz sicher gefühlt, den ersten Preis bei der Blumenausstellung zu bekommen. Er hatte jahrelang an der Weiterzüchtung seiner Orchideen gearbeitet.

Sich jahrelang auf den Triumph gefreut, der ihm übrigens von den meisten gegönnt wurde. Denn der Meindl ist im Kern kein schlechter Mensch. Da habt ihr recht."

Der Axolotl holte Luft und trank einen Schluck Mineralwasser. „Doch dann kam der völlig unbekannte Käpt'n Brause und hatte Blümchen, wie er sie selber nennt, von denen der Meindl Anton nicht einmal träumen konnte. Plötzlich war die ganze Hoffnung fortgeweht. Ich habe ihn beobachtet, als der Landwirtschaftsminister unseren Kapitän beglückwünschte. Und ich habe über meine Radar-Ohren Meindls Gedanken gehört, ja gehört! Er wollte die blauen Orchideen mit den weißen Punkten zerstören oder verschwinden lassen. Obwohl das ansonsten nicht seine Art ist. Doch seine Enttäuschung war zu groß. Er hat halt wie ein Mensch gehandelt. Und darum muß er wie ein Mensch bestraft werden."

Axi sah die Kinder an. „Laßt uns einen Plan machen. Hiermit ist die Attacke gegen Anton Meindl eröffnet. Ich bitte um Wortmeldungen."

Wohlweislich hatte der Axolotl nicht erwähnt, daß der Käpt'n noch mehr Orchideen zu Hause hatte. Aber darum ging es ihm jetzt auch gar nicht. Er wollte Gerechtigkeit. Und er wollte den Kindern zeigen, daß Gerechtigkeit auch ohne harte Strafen zu erreichen ist. „Also bitte, wo bleiben die Wortmeldungen?"

Aber dem frechen Michi, dem kecken Stefan und der schlauen Julia fiel auf Anhieb nichts ein.

Käpt'n Brause fragte nur: „Wo wohnt denn der Meindl eigentlich?"

Das wußte Stefan: „In Blockdorf. In einer weißen Villa am Ortsrand."

„Na also", meinte Axi, „der Anfang ist gemacht."

6 4698-8

Das Nachtgespenst

„Laßt mich mal machen. Ich bin der geborene Kundschafter“, schlug der Axolotl vor. „Mich sieht keiner. Das heißt, nachts sieht mich keiner. Ihr müßt pennen. Ich kann das den ganzen Tag. Und Michi und Julia sollten sich ja auch hie und da im Kinderdorf sehen lassen. Ich nehme Nackthaut mit. Claro, amigos?“

Die Kinder waren einverstanden, und Stefan wollte den Pinscher Nackthaut aus dem Garten holen. Aber das gab Ärger. Der Hund wollte ihm nicht gehorchen. Er akzeptierte nur den Axolotl als Herrn und Meister.

Also pfiff Axi seinem Reittier, behängte es mit seinem Säckchen voller Ananasstücke, trank einen Fingerhut Mineralwasser, füllte seine lebenswichtige Rucksackflasche und machte sich auf den Weg.

Auf dem Rücken trug er immer noch den albernen Cowboyhut. Es fehlte nur noch, daß er ein winziges Winchestergewehr von der Wand nahm, um sich im Feindesland auch wehren zu können. Axi hatte sich nämlich zu einem Fan von Cowboyfilmen entwickelt. Lief einer im Fernsehen, hockte er begeistert vor der Glotze.

Als Axi jetzt in die dunkle Nacht hinausritt, fragten die Kinder sich, wer mehr Angst hatte: der zitternde

Pinscher oder Axi, der sich am Hals von Nackthaut festhielt.

Draußen huschten Nachttiere durch das Blattwerk, kreuzten Marder und Dachse auf der Suche nach Beute den Weg der beiden. Was sollte er machen, dachte Axi, wenn so ein gewaltiges Raubtier sich dafür entschied, ihn als Beute zu betrachten?

Aber dann ging der Mond auf und strahlte wie eine große Laterne. Nun sah alles freundlicher aus. Und auch Nackthaut, der anfangs ängstlich Pfote vor Pfote gesetzt hatte, schritt mutig aus.

Bald sahen sie die Lichter von Blockdorf. Die weiße Villa von Anton Meindl war nicht zu verfehlen: Es war das größte Haus mit einer hell erleuchteten Terrasse.

Der Axolotl ließ sich vom Reittier fallen, holte zwei, drei Stückchen Ananas aus seinem Säckchen und stärkte sich.

Dann bedeutete er Nackthaut, sich ruhig zu verhalten, legte sich selbst im hohen Gras auf die Lauer – und war nach ein paar Minuten fest eingeschlafen. Dabei hatte er sich doch einen „geborenen Kundschafter" genannt!

Etwas Nasses, Kaltes weckte ihn. Er wachte auf und erstarrte vor Schreck: Ein riesiger Schäferhund beschnüffelte neugierig den Eindringling. Im selben Augenblick war Axi aufgesprungen und auf den nächsten Baum geklettert.

Nackthaut hatte sich längst hinter Baumwurzeln versteckt, damit der riesige Schäferhund ihn nicht sehen konnte. Der war nicht allein, mit ihm kurvten noch zwei Boxer und ein häßlicher Mischling durch den Villengarten.

Auf der Terrasse war jetzt das Licht ausgegangen.

Axi wandte sich wieder den Hunden zu, die jetzt böse zu dem Baum herüberschauten, und kratzte sich hinter einem seiner vier Ohren. Wenn Hunde nur denken könnten, dachte Axi. Dann würde ich gleich wissen, was sie im Schilde führen. Aber Hunde denken nicht, fand Axi. Das wollte er ja schon bei seinen Versuchen mit Nackthaut herausgefunden haben. Trauen konnte man dem Schäferhund, den Boxern und dem Mischling bestimmt nicht. Sicher waren sie auf Menschen abgerichtet, um die weiße Villa des Anton Meindl zu schützen.

Man müßte sie also überlisten, und darauf verstand sich der schlaue Axi. Er rechnete sich aus, daß Meindl keine weiteren Sicherheitseinrichtungen im Haus eingebaut hatte. Denn wer so viele scharfe Hunde hat, der braucht keine Klingel oder Alarmsirene, sagte sich Axi. Beißende Hunde können auch laut bellen.

Der Axolotl dachte gründlich nach, und schon nach wenigen Minuten kam ihm die Erleuchtung. Nackthaut ist zwar klein und doof, fand Axi, aber blitzschnell, und er sieht in der Flucht immer die beste Verteidigung. Also mußte er die Wachhunde auf den kleinen Pinscher aufmerksam machen, damit der die Biester ablenkte. Aber wie?

Nun, einem Axolotl fällt immer was ein. Er bombardierte die schnuppernden Wachhunde mit kleinen Zweigen, die er vom Baum abbrach.

Es funktionierte. Die großen Hunde sprangen um den Baum herum, rochen dabei den armen Pinscher im Wurzelwerk und wollten ihn gründlich durchschütteln.

Nackthaut tat, was wohl jeder in seiner Situation getan hätte: Er türmte. Die großen Hunde hinterher. Aber Nackthaut war schnell wie der Blitz.

So hatte Axi sein Ziel erreicht, und er konnte in aller Ruhe zur weißen Villa des Diebes spazieren, um alle Räume zu untersuchen.

Die Terrassentür stand offen. Der Meindl schien seinen Hunden voll zu vertrauen. Axi kletterte mit affenartiger Geschwindigkeit eine Stehlampe hinauf und zog an der Strippe. Im Nu war der Raum hell erleuchtet, und der Axolotl konnte alles sehen.

Meine Güte, dachte er, so viele Blumen auf einem Haufen habe ich noch nie gesehen. Wunderschöne Pflanzen in allen nur möglichen Farben hingen von der Decke, standen auf dem Boden, auf den Tischen. Axi fiel auf, daß in diesem ganzen Blütenmeer nicht eine einzige Orchidee zu finden war. Also, folgerte Axi, mußten sie woanders sein.

Er rutschte den Lampenständer hinab und lauschte. Vor dem Haus war das Knurren der Wachhunde zu hören, aber das freche Gekläffe von Nackthaut bewies, daß sie ihn vergeblich jagten. Axi schlich aus dem Zimmer und stand auf einmal vor einer geschwungenen Treppe, die in die oberen Zimmer der Villa führte. Da mußte er rauf! Axi stöhnte.

Zuerst fingerte er ein paar Stückchen Ananas aus seinen Vorräten, kaute sie mit Genuß, und dann: Sturm auf die Treppe! Attacke! Aber das war gar nicht so leicht, denn die Stufen waren viel zu hoch für Axi. Mühsam zog er sich von Stufe zu Stufe hoch. Und nur die hoffnungsfrohe Aussicht auf den Abstieg per Rutschpartie auf dem Treppengeländer stimmte ihn froher.

Im oberen Geschoß waren mehrere Zimmer. Aus einem klang zweistimmiges Schnarchen, dort war sicher das Schlafzimmer des Ehepaars Meindl. Die übrigen Zimmer standen alle offen: das Bad, ein Zimmer, das offenbar als Gästezimmer gedacht war, ein leeres Kinderzimmer.

Überall gab's Blumen – aber nirgendwo Orchideen. Wo, in aller Welt, hatte der Gärtner diese Prachtstücke nur versteckt?

Nach einigem Nachdenken kam der Axolotl zu dem Schluß, daß die verschwundenen Orchideen bestimmt nebenan in einer Art Gewächshaus versteckt waren, das der Meindl Anton sich an seine Villa angebaut hatte.

Aber zuvor hieß es erst noch mal, über andere Treppen rauf und runter zu klettern. Diesmal ging's schneller, denn Axi hatte schon Übung.

Schließlich stand der Axolotl vor einer Tür. Sie war abgeschlossen. Aha, das ist der Beweis, daß dahinter die gemopsten Blumen stehen, kombinierte Axi messerscharf.

Das Schloß brachte er ratsch-bum auf – kein Problem. Er hatte ja schon immer behauptet, ein geschicktes Kerlchen zu sein. Und das stimmte. Doch wie er's anstellte, Türen zu knacken, das verriet er nicht und das durfte auch niemand wissen. Der Axi wollte keine Gebrauchsanweisung für Diebe geben. Er tat's ja auch nur, wenn er – wie heute – damit anderen helfen konnte.

Vorsichtig stieß Axi die Tür ein wenig auf, und er landete im privaten Gewächshaus des Anton Meindl. Dort war es heiß und feucht wie im Urwald. Axi öffnete die Tür weiter, knipste das Licht an – und stand in einem Blütenwald, wie er ihn nicht mal zu Hause in Mexiko gesehen hatte. Da blühten Orchideen in Farben, daß dem Axolotl fast die Augen weh taten! Wo waren aber die geklauten Orchideen? Axi sah sie nicht. Sie mußten ja da sein, denn in diesem heißen, stickigen Raum gab's nur Orchideen. Andere Blumen konnten hier gar nicht gedeihen.

Der Axolotl setzte sich auf einen Tisch, nahm einen Schluck aus der Pulle und fing wieder mal an zu denken. Wo würde er gemopste Orchideen unterbringen, wenn er ein Dieb wäre? Natürlich zwischen den anderen Orchideen, mittendrin.

Axi ließ die Radar-Ohren rotieren. Kein Echo, keine fremden Gedanken. Das Ehepaar Meindl schlief so fest, daß es an gar nichts dachte.

Und auf die blauen Orchideen mit den weißen Punkten konnte er seinen inneren Mechanismus nicht einstellen, weil sie sich im Gewächshaus von den anderen Orchideen nicht unterschieden. Die gleiche Ausstrahlung, der gleiche Geruch.

Axi stöhnte. Jetzt mußte er doch tatsächlich die langen Reihen der Orchideen durchsuchen, um die lächerlichen Weißgepunkteten herauszufinden. Dabei war er von Natur aus eher faul, denn die Kunst seiner Radar-Ohren hatte ihm so viel Arbeit erspart, daß er gar nicht mehr daran gewöhnt war, selbst was zu tun. Aber hier ging's nun mal nicht anders.

„Fixmaledeiverrecko!" sagte er, und das war einer der Flüche, die er aus dem Deutschen und Spanischen selbst gemixt hatte. Axi kletterte mühsam vom Tisch und fing an zu suchen, von Orchideenbeet zu Orchideenbeet.

Zwecklos. Entweder waren die blauen Orchideen nicht in diesem Raum oder so gut versteckt, daß das selbsternannte Genie Axi sie nicht fand.

Er wurde immer wütender. War er denn so blöd, diese Blumen nicht zu finden? Er stellte sich vor, wie der Käpt'n dazu mit dem Kopf nicken würde. Dieser Gedanke machte ihn noch wütender. Und da fiel ihm etwas ein. Der Käpt'n hatte doch immer gesagt, auch Pflanzen brauchten Ansprache, damit sie blühen und gedeihen. Also müssen Pflanzen so etwas wie eine eigene Sprache haben.

Jetzt schaute Axi schon wieder etwas freundlicher drein. Er setzte sich hin und versuchte, mit den Radar-Ohren irgendwelche Geräusche einzufangen. Diesmal rotierten seine Ohren nicht, sie wurden immer spitzer, länger.

Da! Was war das?

Ein unbekanntes Rauschen, ein Wispern.

Die Blumen reden ja – tatsächlich! wunderte sich Axi.

Aber nun kam ein neues Problem hinzu: Alle Orchideen in dem Gewächshaus redeten. Wie sollte er herausfinden, was die gesuchten Weißgepunkteten gerade dachten, fühlten oder sprachen?

So stand der Axolotl wieder am Anfang.

Doch langsam gefiel ihm der Chor der Blumen. Und da bedauerte er die Menschen, die zwar immer so gescheit taten und wissenschaftlich festgestellt hatten, daß Blumen ein Gespräch mochten, die aber die Sprache der Blumen nicht hören konnten. Einfach weil diese Menschen viel zu schlechte Ohren haben, sagte sich der Axolotl.

Aber diese Erkenntnis brachte ihn auch nicht weiter. Wer, verdammt noch mal, wer war denn überhaupt welche Blume? fragte er sich. Wer redete? Wie kann man sie unterscheiden? Auch die Radar-Ohren konnten dies nicht. Wo waren die blauen Orchideen versteckt, die sicher im wispernden Chor mitmischten?

Axi überlegte. Und plötzlich kam ihm die Erleuchtung: Die blauen Orchideen mit den weißen Punkten hatte er bisher nur in seiner aztekischen Heimat gesehen. Also müßten sie verstehen, wenn man sie auf Aztekisch ansprach, oder wenigstens auf Spanisch.

Axi summte ein altes aztekisches Lied. Vom Gott Quetzalcoatl, der nach dem Glauben der alten Azteken für Tod und Auferstehung zuständig war. Der wispernde Chor der Orchideen wurde immer stiller, und Axi bildete sich ein, daß die Blumen nur deshalb verstummten, weil er so schön singen konnte. Tatsächlich war es bald fast ganz still im Gewächshaus.

Nur aus einer dunklen Ecke, die er noch nicht untersucht hatte, weil dort nur ein Haufen Humuserde lag, kamen ein paar dünne Stimmchen. Sie verstanden also Aztekisch und Spanisch.

Wie ein winziges Gespenst huschte der Axolotl in diese Ecke. Aber es schien dort wirklich nur Humus zu geben und einen Spaten, der lose in der Ecke stand. Neugierig lugte Axi hinter das Gartengerät, und sein überbreiter Mund verzog sich bis zu allen vier Ohren. Da hatte er sie – hinter dem Spaten waren die blauen Orchideen mit den weißen Punkten sorgsam in Humus eingegraben! Und sie schienen ihn anzuschauen. Aber da konnte Axi sich auch täuschen.

Nun wußte er Bescheid. Jetzt mußte er den geordneten Rückzug antreten.

Im Haus war das nicht weiter schwierig. Doch was war draußen mit den Wachhunden? Nackthaut konnte die Hunde unmöglich die ganze Zeit aufgehalten haben. Es war verdächtig still draußen.

Axi sah nach.

Die Wachhunde lagerten um einen Baum und schauten knurrend in die Krone. Dort saß Nackthaut und sah pfiffig drein. Er zeigte keine Spur von Angst. Axi fragte sich nur, wie der Pinscher dort hinaufgekommen war.

Nackthaut hatte einen Baum gewählt, dessen Äste über die Umzäunung der weißen Villa hinausragten. So schlich Axi sich an der Hundemeute vorbei, huschte durch eine Lücke im Zaun. Er rief den Pinscher, der mit Freudengebell einen der Äste entlangraste und gleich neben Axi landete.

Nun ahnte der Axolotl, wie der Pinscher die feindliche Streitmacht an der Nase herumgeführt hatte: Er war einfach durch den Zaun entwischt und über den Ast auf den Baum zurückgeklettert, den die Wachhunde nicht erklimmen konnten.

Während Axi auf Nackthaut im gestreckten Galopp den Heimritt antrat, dachte er: Hunde sind doch nicht dumm!

Schlechtes Gewissen

Zu Hause ließ Axi sich erschöpft vom Reittier Nackthaut fallen. Er schnallte seine Vorräte ab, sprang in seinen Tümpel und tauchte auf den Grund, wo er ganz schnell fest einschlief.

Nackthaut machte sich zunächst über den Napf mit Hundefutter her, den Stefan ihm hingestellt hatte. Dann streckte er sich und schlief auch gleich ein, während die Sonne schon über die Berge schaute. Er war wirklich hundemüde, von der Schnauze bis zum Schwanz.

So fanden ihn später die Kinder. Sie ließen ihn schlafen. Den Axi im Tümpel natürlich auch. Dann gingen sie spielen, draußen auf der Wiese.

Ein paar Stunden danach stieg Axi aus seinem Wasserreich, schüttelte sich und schlich in die Küche. Gott sei Dank – keiner da. Er hopste hoch, noch mal, bis er den Griff des Kühlschranks erwischt hatte. Im Sprung zog er daran, und der Kühlschrank ging tatsächlich auf.

Vor Axi lag das Paradies. Sicher, er verschmähte auch eine Mücke nicht. Oder eine dicke Fliege. Aber das Allergrößte, seine Leibspeise, das war doch ein Stück geräucherter Lachs – wie er im Kühlschrank lag. Oder ein Stück von einem fetten Aal, eine seiner zweitliebsten Leibspeisen. Auch das fand er. Auf solche Köstlichkeiten hatte er schließlich ein paar Jahrhunderte warten müssen.

Der Axolotl wußte, daß die Steiners es nicht gern sahen, wenn er sich über die Vorräte hermachte. Mutter Birgit stieß schon mal Entsetzensschreie aus, wenn sie am Abend das Essen auftragen wollte und vor einem halbleeren Kühlschrank stand. Aber heute glaubte Axi, ein Recht aufs Schnabulieren zu haben. Schließlich hatte er sich die ganze Nacht mit einem gefährlichen Erkundigungszug um die Ohren geschlagen. Alles für den Käpt'n, und natürlich auch für die Kinder, die dem Seebären gleichfalls helfen wollten.

Also durfte der Axolotl sich ruhigen Gewissens selbst mit Lachs und Aal bedienen. Für den Pinscher nahm er eine fränkische Wurst mit, denn der schlaue Hund hatte ja auch kräftig mitgeholfen zum Erfolg der Expedition.

Axi weckte Nackthaut, und während die beiden im Garten genüßlich mampften, stapfte Käpt'n Brause heran.

„Aha“, sagte er. „Der Sheriff und sein Gehilfe.“

Axi und sein nackthäutiger Freund ließen sich nicht stören und kauten unverdrossen weiter. Erst als auch der letzte Wurstzipfel, das letzte Stückchen Aal und der letzte Bissen Lachs verschlungen waren, wandte Axi sich dem respektvoll wartenden Kapitän zu.

„Ich weiß jetzt, wo deine Blumen sind“, sagte er gelassen. Und da er nach kurzem Schlaf und langem Essen noch nicht die beste Laune hatte, fügte er wie beiläufig hinzu: „Sie sind dort, wo viele Orchideen sind. Die meisten sind schöner als deine. Die sehen ja sowieso bloß aus wie größere Veilchen mit weißen Punkten. Aber sie sind gut versteckt. Du hättest sie sowieso nicht gefunden.“ Nach dieser reichlich undeutlichen Rede fiel der Axolotl ins Gras und begann schon wieder zu schnarchen.

Käpt'n Brause ließ sich seine begreifliche Neugier nicht anmerken. Er lächelte und sagte nichts. Doch dann, als er den Axi vollgemampft da liegen sah, fiel ihm etwas ein, und das beunruhigte ihn. So schnell er konnte, hastete er zum Kühlschrank. Seine schlimmsten Befürchtungen waren übertroffen. Der Schrank war wieder mal fast leer. Dieser verfressene Axi! Also kletterte der Käpt'n in den Kleinwagen und bretterte kurz vor Ladenschluß zum nächsten Supermarkt. Schließlich mußte die Familie ja was zum Abendessen haben.

Er schaffte es mit Müh und Not, kaufte schon wieder Spaghetti, Tomaten und Knoblauch. Spaghetti war das einzige, das der Käpt'n kochen konnte. Das aber gut, und deshalb gab's halt schon wieder Spaghetti.

Als der Käpt'n zurückkam, war Axi aufgewacht und sagte scheinheilig „hallo“, während Nackthaut aufgeregt im Garten herumschnüffelte. Ein echtes Ablenkungsmanöver! Sie hatten beide ein schlechtes Gewissen.

Mutter Birgit, die den Nachmittag im Tierheim verbracht hatte, um die armen, traurigen Tiere zu füttern, hatte den Kahlschlag im Kühlschrank schon entdeckt, schimpfte aber nicht. Sie war heilfroh, daß der umsichtige Käpt'n so schnell geschaltet hatte.

Käpt'n Brause war schon emsig bemüht, die Spaghetti lecker zuzubereiten, als die Kinder nach Hause kamen.

„Müßt ihr heute ins Kinderdorf zurück?" fragte er Michi und Julia.

„Nein", sagten beide wie aus einem Mund. „Wir dürfen heute hierbleiben."

„Gut", meinte der Kapitän, „dann mache ich ein paar Spaghetti mehr." Und er werkelte weiter in der Küche, die schon aussah, als habe dort eine mittlere Schlacht gewütet. „Nach dem Essen will Axi uns verraten, wo die Blumen sind, wie man sie zurückbekommt und welche Strafe wir dem Meindl Anton aufbrummen", sagte er.

Bald saßen sie alle am Tisch, gespannt, was Axi zu berichten hatte. Aber erst mal mampften sie wie die Weltmeister, denn die Spaghetti schmeckten wirklich gut. Es störte niemand, daß es schon wieder Spaghetti gab – nur weil Axi den halben Kühlschrank leer gefressen hatte.

Axi schaute angewidert zu, weil er erstens noch zu

BILDERBÜCHER

Die Bilderbücher der Cartwright-Reihe schildern amüsante und witzige Erlebnisse im Zusammenleben von Menschen und Tieren auf dem Land.

Auf dem Bauernhof – Der hungrige Esel
Best.-Nr. 4670   9,80/ÖS 79,–

Auf dem Bauernhof – Der Traktor steckt fest
Best.-Nr. 4671   9,80/ÖS 79,–

Jella Schnipp Schnapp
Jella schnipselt für ihr Leben gern. Eines Tages legt sie sogar Hand an ihren geliebten Teddybären... Best.-Nr. 4781   9,80/ÖS 79,–

Weihnacht bei Familie Maus
Herrliche Geschenke warten auf die Mäusekinder, aber auch eine aufregende Überraschung. Best.-Nr. 4782   16,80/ÖS 129,–

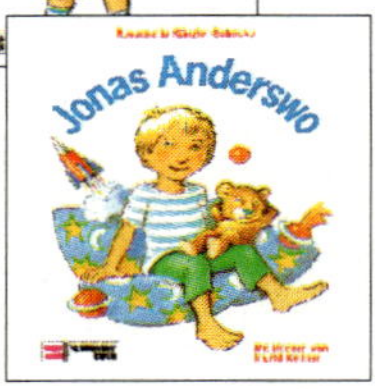

Die Trickfilmklassiker – seit Generationen beliebt!

Yogi Bär
Best.-Nr. 4799
16,80/ÖS 129,–

Jonas Anderswo
Jonas ist ein Träumer. Ständig ist er mit seinen Gedanken anderswo... Best.-Nr. 4783
9,80/ÖS 79,–

Familie Feuerstein
Best.-Nr. 4798
16,80/ÖS 129,–

BILDVORLESEBÜCHER

Hurra, wir fahren aufs Land
Acht lustige, unterhaltsame Geschichten zum Vor- und Selberlesen. Best.-Nr. 4559
15,–/ÖS 119,–

Mein erstes Buch der wilden Tiere
Ein spannendes Sachbilderbuch, welches die wilden Tiere vorstellt und ihre Umgebung, ihre Lebensweise und ihre Art, sich zu verständigen, aufzeigt.
Best.-Nr. 4673
19,80/ÖS 149,–

LIEDERBÜCHER

O du fröhliche
Lieder und Singspiele für die Adventszeit und für Weihnachten.
Best.-Nr. 4814   3,95/ÖS 29,–

Komm, wir singen Weihnachtslieder
Die beliebtesten Lieder von Advent bis Dreikönig.
Mit Noten und vollständigen Texten. Best.-Nr. 4757
9,80/ÖS 79,–

BENJAMIN

Der Widder mit dem goldenen Fell
Die Geschichte vom Goldenen Vlies mit einfachen Worten spannend erzählt. Best.-Nr. 4691
9,80/ÖS 79,–

Das einsame Pony
Die kleine Dorothea und das struppige Pony werden dicke Freunde. Best.-Nr. 4678
9,80/ÖS 79,–

Alopex, der kleine Fuchs
Alopex vergißt ständig seinen Namen. In der Stunde seiner größten Not hat er ein wunderschönes Erlebnis.
Best.-Nr. 4683
9,80/ÖS 79,–

Die Reise mit der Pfeffermaus
Mit der Pfeffermaus kann man was erleben. Fünf lustige Geschichten.
Best.-Nr. 4809
9,80/ÖS 79,–

Der Igel im Spiegel
Drei witzige Tiergeschichten.
Best.-Nr. 4709 9,80/ÖS 79,–

Maus und Katz
Vier freche Geschichten von Katz und Maus. Best.-Nr. 4770
9,80/ÖS 79,–

Die Hexe Alexa
Die lustigen Abenteuer der schusseligen Hexe Alexa. Best.-Nr. 4704
9,80/ÖS 79,–

Der gelbe Spatz
Ein komischer Vogel. Die Spatzen machen sich über den gelben Vogel anfangs lustig, bis er zeigt, was in ihm steckt. Best.-Nr. 4689
9,80/ÖS 79,–

Anita Dreckspatz
Anita versucht alles, um anderen Kindern zu gefallen. Bald stellt sie fest, daß es wichtigere Dinge gibt.
Best.-Nr. 4808 9,80/ÖS 79,–

Das bunte ABC
Mit lustigen Versen und Bildern spielend das ABC lernen.
Best.-Nr. 8284 9,80/ÖS 79,–

Der grunzende König
Vier zauberhafte Geschichten.
Best.-Nr. 4810 9,80/ÖS 79,–

Lieber kleiner Hamster
Stefan und Clemens wünschen sich nichts sehnlicher als einen kleinen Hamster.
Best.-Nr. 4811
9,80/ÖS 79,–

Der Fuchs weiß einen Rat
Mit Köpfchen kommt man zum Ziel. Das stellt der Fuchs unter Beweis.
Best.-Nr. 4706 9,80/ÖS 79,–

Der Dickkopf
Inger hat so ihren eigenen Kopf. Doch bald merkt sie, daß sie mit ihrem Dickkopf nicht weit kommt. Best.-Nr. 4696
9,80/ÖS 79,–

TIERBÜCHER

Verbotene Jagd
Auf den Spuren bedrohter Tiere, Bd. 3
Sebastian und Sara sind erschüttert: Warum jagen und töten die Menschen die friedfertigen Wale? Best.-Nr. 4713 9,80/ÖS 79,–

Elfenbeinjäger
Auf den Spuren bedrohter Tiere, Bd. 4
Das Schicksal vieler afrikanischer Elefanten wird durch die sinnlose Elfenbeinjagd besiegelt. Aber auch die Flußpferde sind bedroht. Best.-Nr. 4779 9,80/ÖS 79,–

Ende gut, alles gut
Tierarzt-Praxis Birkenallee 7, Bd. 12
Die bevorstehende Hochzeit von Dr. Taylor und Frau Sparks und einige andere Ereignisse lassen Linda wieder mal nicht zur Ruhe kommen. Best.-Nr. 4714 9,80/ÖS 79,–

Rettet den Esel!
Der alte Esel Zebedee soll getötet werden. Fiona und Terry versuchen alles, um dies zu verhindern. Best.-Nr. 4556 12,80/ÖS 99,–

Jenny und Felix
Ob die beiden neuen Haustiere, der Kater Felix und die Hündin Jenny, sich wohl vertragen werden? Best.-Nr. 4477 9,80/ÖS 79,–

MÄDCHENBÜCHER

Dresdner Spuren
Die Power-Girls, Bd. 5
Was ist mit Natascha los? Die Spuren führen Victor und Lola nach Dresden, wo sie einen wahren Politskandal auslösen. Best.-Nr. 4716 10,80/ÖS 85,–

Eine Chance für Christine
Christine lebt in einem Heim und fühlt sich dort auch ganz wohl – bis der nette Heimleiter geht. Zum Glück hat sie gute Freunde. Best.-Nr. 4717 9,80/ÖS 79,–

Das wundersame Bild
Miranda, Bd. 3
Wird Miranda jemals ihren Vater kennenlernen, den Maler? Best.-Nr. 4413 12,80/ÖS 99,–

Alle suchen Thommy
Das Trio mit Pfiff, Bd. 6
Spannende Ereignisse halten das Trio in Atem und lassen die Sommerferien turbulent zu Ende gehen.
Best.-Nr. 4592
9,80/ÖS 79,–

Manchmal kommt alles ganz anders
Daß der ausgesetzte Hund in ihrem Leben einiges verändern wird, kann Stefanie nicht ahnen, als ihr der Vierbeiner über den Weg läuft. Best.-Nr. 4718 10,80/ÖS 85,–

Ich finde mich echt gut!
Hanna weiß, was sie will. Sie nimmt ihre Hürden mit Humor und Verstand und gewinnt dadurch Selbstvertrauen und Freunde. Best.-Nr. 4667 14,80/ÖS 119,–

Bis unter die Haut
Daniele leidet unter einer Hautkrankheit, die sie zwanghaft zu verbergen sucht. Dadurch isoliert sie sich immer mehr. Best.-Nr. 4780 14,80/ÖS 119,–

PFERDE

Blitz schickt seinen Sohn, Bd. 3
Alec bekommt das Hengstfohlen Vulkan geschenkt. Viel Geduld und Liebe sind nötig, um das wilde Pferd richtig zu erziehen. Best.-Nr. 4694   12,80/ÖS 99,–

Blitz und Vulkan, Bd. 4
Ein Waldbrand bedroht die Stallungen. Wird es Alec und Blitz gelingen, das Schlimmste zu verhindern? Best.-Nr. 4695 12,80/ÖS 99,–

Ponys bis fast in die Küche
Der Schwalbenhof, Bd. 3
Zwanzig neue Pferde! Die Bewohner des Schwalbenhofes sorgen dafür, daß sie in gute Hände kommen. Best.-Nr. 4677   9,80/ÖS 79,–

Spaß am Lagerfeuer
Ein Schloß für unsere Pferde, Bd. 7
Aufregende Ereignisse bestimmen das Leben auf dem Pferdehof Am Birkenfeld. Best.-Nr. 4662 8,95/ÖS 69,–

Bilder, die lebendig werden
Wie verzaubert erleben die Geschwister Mark und Mo den Besuch einer Ausstellung von Pferdebildern. Die Bilder dort scheinen sich zu bewegen, werden lebendig... Best.-Nr. 4465 12,80/ÖS 99,–

Ein Platz für ein Pony
Warum kümmert sich niemand um das einsame Pony? Die Kinder Rosi und Leo beschließen, dem vernachlässigten Tier zu helfen. Best.-Nr. 4496   8,95/ÖS 69,–

Im Pferdeland der Pußta
Aufregende Reiterferien erlebt Georg in Ungarn. Er und seine Freunde folgen einem Pferdedieb bis weit in die Pußta. Best.-Nr. 4487 10,80/ÖS 85,–

Rätsel um Jackie
Lisa und die Ranch der Pferde, Bd. 5
Das Mädchen Jackie benimmt sich eigenartig. Nur langsam kommt Lisa hinter ihr Geheimnis... Best.-Nr. 4489 9,80/ÖS 79,–

Pferdediebstahl auf der Weide – Wendy, Bd. 6
Nachts sind mehrere Pferde von der Weide verschwunden. Wendy und ihre Freunde machen sich mit der Polizei auf die Suche... Best.-Nr. 4720 10,80/ÖS 85,–

Unsere Pferde suchen ein Zuhause
Der Reitstall Kleehof soll abgerissen werden. Was wird mit den Pferden geschehen...? Best.-Nr. 4495 10,80/ÖS 85,–

FANTASIA

Das Fohlen vom Martinshof
Bibi und Tina, Bd. 1
Aufregung bei Familie Blocksberg. Bibis Lieblingsstute erwartet Nachwuchs... Best.-Nr. 4731   10,80/ÖS 85,–

Amadeus ist krank
Bibi und Tina, Bd. 2
Die Pferde haben von einer „wilden Müllkippe" gefressen und sind ernsthaft erkrankt. Best.-Nr. 4732   10,80/ÖS 85,–

ABENTEUER

Kommissar Kugelblitz
Der Jade-Elefant, Bd. 11
Fünf neue, spannende Kriminalfälle für aufgeweckte Spürnasen. Best.-Nr. 4684
9,80/ÖS 79,–

Wenn alle Pizzas strahlen
oder Das Computerfieber
Pizza-Bande, Bd. 24
Was hat es mit den Erdstrahlen auf sich, und wie lange wird der Bankcomputer noch in der Gewalt der Erpresser sein?
Best.-Nr. 4778
9,80/ÖS 79,–

Indianerjunge Kleiner Wolf
Der Indianerjunge Kleiner Wolf kennt seine Eltern nicht. Eines Tages verrät ihm Zwei Federn das Geheimnis seiner Herkunft. Best.-Nr. 4807 8,95/ÖS 69,–

• **Der große Lacherfolg**
Best.-Nr. 4669
• **Klassenfahrt ins Abenteuer**
Best.-Nr. 4702
Die verflixte 7b, Bd. 3 und 4
Zwei neue Abenteuer der Klasse 7b, die bekannt ist für ihre lustigen Streiche.
Je 9,80/ÖS 79,–

Dunkler Verdacht
Drei tolle Nullen, Bd. 8
Eine Bande namens »Schwarze Rose« macht den drei Nullen schwer zu schaffen. Best.-Nr. 4703 9,80/ÖS 79,–

Wolly als Gespenst
Wolly Cosmopolly, Bd. 5
In dem kleinen Bergdorf halten abergläubische Bäuerinnen den Jungen aus der Südsee für ein Gespenst. Best.-Nr. 4701
9,80/ÖS 79,–

Dennis in der Falle
Der Junge vom Lotsenturm, Bd. 6
Der skrupellose Vormund Schlütermann will Dennis wieder in ein Heim bringen. Dennis wehrt sich verzweifelt...
Best.-Nr. 4578
9,80/ÖS 79,–

ROMANE

Anna zu Pferde
Der Dreißigjährige Krieg bildet den dramatischen Hintergrund für die Geschichte des mutigen Mädchens Anna und ihrer Falbstute.
Best.-Nr. 4593 19,80/ÖS 149,–

Moxie – Der lange Weg der Hoffnung
Wirtschaftliche Not und verheerende Staubstürme machen das Leben der Farmer in Kansas zur Hölle. Aber der 13jährige Drew gibt nicht auf. Von seinem letzten Geld kauft er sich ein Maultier namens Moxie. Und Moxie bedeutet soviel wie Mumm...
Best.-Nr. 4577 19,80/ÖS 149,–

GESCHENKBÜCHER

Pfiffige Cartoons mit und ohne Text über menschliche Verhaltensweisen im Tierreich.

Pinguine sind auch nur Menschen
Best.-Nr. 4479
9,80/ÖS 79,–

Vorsicht vor dem bißchen Hund
Best.-Nr. 4478
9,80/ÖS 79,–

HITS

Der mit dem Wolf tanzt
Die Geschichte zum Film. Mit Originalfotos!
Best.-Nr. 4813
19,80/ÖS 149,–

Ein Pferd im Haus
Melanie verbringt mehr Zeit mit ihrem Pferd als zu Hause oder in der Schule. Aufregendes erlebt sie, als ihr Pferd gestohlen wird.
Best.-Nr. 4700
10,–/ÖS 79,–

Mein Traumpferd sah ganz anders aus
Die kleine Scheckstute Winnie hat es in ihrem Pferdeleben oft schwer gehabt. Erst durch die liebevolle Zuneigung eines Menschen verändert sich die Welt für das kleine Pferd...
Best.-Nr. 4815
10,–/ÖS 79,–

Corinna kann hellsehen ... und Terpsi geht zum Zirkus
Zwei humorvolle Romane von der bekannten Autorin Renate Welsh.
Best.-Nr. 4761 10,–/ÖS 79,–

Petra
Große Gesamtausgabe mit 6 ungekürzten Bänden. Best.-Nr. 4817
19,80/ÖS 149,–

Meine Schwester Klara ist die Größte
20mal Spaß mit Klara!
Best.-Nr. 4764
15,–/ÖS 119,–

Treffpunkt: Guckloch Die Acht vom großen Fluß
Dieser Sammelband enthält drei spannende Abenteuer der jungen Detektive.
Best.-Nr. 4787
10,–/ÖS 79,–

Die Tierarzt-familie
In der Tierarztpraxis geht's rund. Vor lauter Arbeit haben die Eltern kaum Zeit für ihre Tochter Kate. Daraufhin tut sie etwas, das für die ganze Familie folgenreich ist.
Best.-Nr. 4771 10,–/ÖS 79,–

Geisterstunde bei der Pizza-Bande
Weitere spannende Abenteuer der vier Spürnasen von der Pizza-Bande als preiswerter Sammelband.
Best.-Nr. 4786
10,–/ÖS 79,–

WALT DISNEY

Peter Pan
Best.-Nr. 4737
16,80/ÖS 129,–

Neue Geschichten von Arielle
Best.-Nr. 4742
24,80/ÖS 199,–

Käpt`n Balu und seine tollkühne Crew
Rebeccas Traum
Best.-Nr. 4740
Mami für einen Tag
Best.-Nr. 4739
Je 12,80/ÖS 99,–

Poesiealbum
Best.-Nr. 4741
Stickeralbum
Best.-Nr. 4739
Je 14,80/ ÖS 119,–

SCHAU GENAU HIN

Eine neue außergewöhnliche Reihe voller Überraschungen. Brillante Fotos von Tieren und Pflanzen in Überlebensgröße zeigen Details, die dem Betrachter sonst verborgen bleiben. Ein Blick wie durch ein Vergrößerungsglas.

Korallenriff
Best.-Nr. 4774

Regenwald
Best.-Nr. 4775

Wüste
Best.-Nr. 4777

Teich
Best.-Nr. 4776

Je Band 16,80/ÖS 129,–

Piraten
Die Geschichte der Piraten spannend erzählt. Mit Spiel- und Bastelanleitungen.
Best.-Nr. 4637
14,80/ÖS 119,–

Indianer
Wie lebten die Prärie-Indianer? Genaue Informationen dazu gibt dieses Buch. Mit Spiel- und Bastelanleitungen.
Best.-Nr. 4638
14,80/ÖS 119,–

Ritter
Interessantes aus dem Leben der Ritter. Mit Spiel- und Bastelanleitungen.
Best.-Nr. 4755 14,80/ÖS 119,–

Denkspaß, Tricks und Rätselfragen
Ein Buch voller Rätsel, Tricks, Experimenten, Bastelanleitungen – für clevere Köpfchen und solche, die es werden wollen
Best.-Nr. 4752 24,80/ÖS 199,–

SACHBUCH

»Schon gewußt?« – Eine Reihe, die auf spannende, unterhaltsame Weise Verständnis weckt für die Welt, die uns umgibt.

Gebäude, Brücken, Tunnel
Best.-Nr. 4750

Alltagsdinge
Best.-Nr. 4690

Tiere in Steppe und Savanne
Best.-Nr. 4736

Tiere der Wüste
Best.-Nr. 4751

Je Band 16,80/ÖS 129,–

GESCHENKBUCH

Mein Poesiealbum
Best.-Nr. 4789
14,80/
ÖS 119,–

Mein geheimes Tagebuch
Viel Platz für eure Gedanken, Ideen, Wünsche, Sehnsüchte. Mit Schloß. Best.-Nr. 4790
14,80/ÖS 119,–

satt war, um etwas essen zu können; und zweitens verstand er überhaupt nicht, warum die ganze Familie Steiner so gern Spaghetti aß. Deshalb lachte er höhnisch, als Käpt'n Brause von allen als hervorragender Spaghettikoch gelobt wurde.

Nach dem Essen hockten sie sich alle in den Garten. Stefan ermahnte Axi, seinen Vortrag so kurz wie möglich zu halten. Denn er habe keine Lust, eine Rede wie vom Bürgermeister anzuhören. Der Herr Axolotl möge doch bitte gleich zur Sache kommen.

Zuerst sah Axi ein bißchen verärgert aus. Aber dann schluckte er und sprach wie ein Telegramm: „Weiß, wo Blumen sind. Können sie wieder holen. Frage: Wie? Noch Frage: Macht ihr mit? Frage: Wann?“

Nun lachten alle über die kurze Rede. So kurz hatte der Axolotl in seinem langen Leben wohl noch nie gesprochen, und Stefan meinte: „So haben wir das auch wieder nicht gemeint. Also ein bißchen ausführlicher darfst du schon sein. Nur nicht wie ein Oberlehrer.“

Da fragte Axi neugierig: „Was ist ein Oberlehrer?“

Die Kinder erklärten es ihm, und er war gar nicht beleidigt.

Dann berichtete er weiter: „Also, im Ernst. Ich habe die Blumen letzte Nacht wirklich beim Meindl entdeckt.“ Axi blickte bedeutungsvoll in die Runde. „Also“, fuhr er dann fort, „es gibt mehrere Möglichkeiten, die Orchideen wiederzubeschaffen. Wir

7 4698 - 8

können die Polizei benachrichtigen; dann kriegen wir vielleicht sogar eine Belohnung. Oder wir können sie uns einfach wieder holen; das ist bestimmt viel spannender. Wir können den Dieb aber auch überreden, die Blumen freiwillig rauszurücken. Das halte ich allerdings für unwahrscheinlich. Obwohl der Meindl ja im Grund kein schlechter Mensch sein soll. Also überlegt. Ich warte."

Die Kinder, Mutter Birgit und der Käpt'n steckten die Köpfe zusammen und berieten. Sie tuschelten ganz leise, als ob Axi nichts hören durfte. Dabei dachte niemand daran, daß der Axolotl sowieso jedes Wort mitkriegte: Seine Radar-Lauscher waren ausgefahren.

Die Beratung dauerte nur ein paar Minuten. Dann erklärte Stefan beinahe feierlich: „Wir haben alle Möglichkeiten durchdacht. Und wir finden, daß wir uns in Güte einigen. Der Meindl soll die Chance bekommen, den angerichteten Schaden wiedergutzumachen."

„Bravo", sagte Axi. „Jeder macht mal Mist, aber wenn man ihm eine Chance gibt, tätige Reue zu zeigen, soll man sie ihm geben. Es ist nie gut, mit einem schlechten Gewissen leben zu müssen. Das gilt vor allem für erwachsene Menschen."

Enttäuschung

Vater Steiner war von seiner Indientour zurückgekehrt, und auch er fand die Aktion gut, aber mitmachen mochte er nicht. „Laßt mir die paar Tage Ruhe, die ich zu Hause bin“, sagte er. Dann holte er sich den Stapel Zeitungen, der sich während seiner Abwesenheit aufgetürmt hatte, und begann interessiert zu lesen.

Inzwischen hatten sich alle darauf geeinigt, daß Mutter Steiner, der Käpt'n und die drei Kinder zur weißen Villa von Anton Meindl fahren sollten, um ihn zur Rechenschaft zu ziehen.

Sie quetschten sich in den kleinen Wagen des Kapitäns. Axi und Nackthaut ließen sie zu Hause. Denen war das recht. Schließlich hatten sie ihre Pflicht letzte Nacht schon getan.

Der Käpt'n fuhr los.

Stefan kicherte: „Wenn du als Kapitän mit dem Schiff so mistig gefahren bist wie jetzt mit dem Auto, dann mußt du ja ganze Flotten versenkt haben.“

Der Käpt'n sagte nichts. Er knurrte nur.

Bald waren sie in Blockdorf.

Als der Käpt'n durch das gußeiserne Tor zur Villa fuhr, kamen sie sich vor wie im Kino. Der Kies knirschte unter den Reifen, und am Eingang stand ein richtiger Butler. Er hatte zwar keine Uniform an, aber einen grauen Anzug und ein gestärktes weißes Hemd, und er machte ein feierliches Gesicht.

„Wir möchten Herrn Meindl sprechen", brummelte der Kapitän.

„Haben Sie einen Termin?" fragte der Diener steif.

„Hör dir den arroganten Pinsel an", lachte der Käpt'n. „Wir haben keinen Termin. Aber wir könnten mit der Polizei wiederkommen."

„So?" sagte der Diener gedehnt. „Dann kommen Sie rein. Ich glaube nicht, daß Herr Meindl davor Angst hat."

„Wer ist denn da draußen?" dröhnte eine Stimme aus dem Haus.

„Ach, so ein verrückter alter Mann, eine Frau und drei Kinder."

„Was wollen die?"

„Sie sprechen, Herr Meindl."

„Dann laß sie mal rein. Ich habe zwar nur wenig Zeit, aber man soll zu seinen Mitmenschen höflich sein."

Der Käpt'n und seine Mannschaft stiegen die Stufen zum Haus hinauf und gingen an dem Diener vorbei, der leicht die Nase rümpfte.

Anton Meindl stand in einem Wohnraum von der Größe einer mittleren Turnhalle und trank Sekt.

Stefan fiel auf, daß er Hosenträger trug. Offensichtlich konnte ein Gürtel die Hose unter dem dicken Bauch nicht halten.

„Also", schnarrte Meindl. „Was gibt's, ich habe wenig Zeit." Er drehte sich um und sah den Käpt'n. Seine Augen verengten sich. „Ach, sieh an, der Orchideen-König. Was verschafft mir die Ehre dieses Besuches?"

„Ich dachte, Sie wüßten, warum wir kommen", sagte der Seebär so ruhig er konnte. „Wir wollen meine Orchideen abholen!"

„Was?" Das Gesicht des Großgärtners verzerrte sich. „Sie wollen Ihre Orchideen abholen? Sie wagen zu behaupten, die wären in meinem Haus?"

„Ja", rief Stefan dazwischen. „Wir wissen es. Sie haben die Blumen gestohlen."

„Du Bengel", rief Meindl und holte aus, als wollte er Stefan eine kleben.

Dann ließ er den Arm aber doch fallen und schaute mit einem falschen Lächeln Mutter Birgit an: „Wir kennen uns doch. Sie sind in der Tierschutzbewegung tätig. Ich habe viel für euch getan."

Zu Michi und Julia gewandt, fügte er hinzu: „Euer SOS-Kinderdorf hat doch auch von mir profitiert. Ich habe euch sogar den Garten bepflanzen lassen. Und nun kommt ihr her und sagt, der Meindl sei ein Dieb. Ich bin zutiefst enttäuscht. Woher wollt ihr überhaupt wissen, daß ich – und das ist wirklich lächerlich – die Orchideen gestohlen habe?"

Darauf hätten der Kapitän, Birgit und die Kinder natürlich eine Antwort gewußt. Aber sie konnten doch nicht einfach sagen: Der Axolotl hat mit seinen Radar-Ohren, mit List und Raffinesse herausgefunden, daß Sie, Herr Meindl, der Dieb sind und die blauen Orchideen mit den weißen Punkten in einem Humushaufen im Orchideen-Gewächshaus versteckt haben! Nein, das konnten sie wirklich nicht sagen, denn niemand hätte sie verstanden oder ihnen gar geglaubt. Außerdem durften sie Axi nicht verraten.

Deshalb sagte der Kapitän nur trotzig: „Man hat es uns berichtet."

„Ha, ha, ha", lachte Meindl hämisch. „Und wer hat euch das berichtet?"

Schweigen in der Runde.

Stefan machte einen letzten Versuch. „Sie waren doch bei der Blumenschau so scharf auf den ersten Preis. Und waren dann so endlos traurig, als der Minister die blauen Orchideen bevorzugte, denn damit entschwebte Ihnen der Traum, geehrt zu werden." Stefan sagte wirklich „entschwebte", und er wunderte sich selbst darüber.

Jetzt wurde Meindl richtig ärgerlich. „Um alles klarzustellen: Ich habe die Blumen nicht gestohlen. Ich habe sie nicht. Und wenn ihr das noch mal behauptet, werde ich euch alle wegen Verleumdung verklagen. So. Jetzt ist Schluß. Ich werde mich doch nicht in meinem eigenen Haus als Dieb beschimpfen lassen. Klettern Sie in Ihr winziges Auto und machen Sie, daß Sie fortkommen."

Der Käpt'n und seine geschlagene Mannschaft zogen mit gesenkten Köpfen ab. Der Versuch, sich mit dem Großgärtner friedlich zu einigen, war kläglich gescheitert. Der Kerl benahm sich großkotzig und stur.

Auf der Rückfahrt sagte niemand ein Wort.

Die Lösung

Axi saß gelassen im Garten, als die geschlagene Truppe zurückkehrte. „War wohl nix?“ sagte er und schien überhaupt nicht überrascht.

Es wunderte ihn auch nicht, daß niemand antwortete.

„Ja, glaubt ihr denn“, sagte er spöttisch, „da kann man einfach hingehen und verlangen: ‚Geben Sie mir die gestohlenen Blumen wieder!?‘ Sogar wenn er es wollte, er könnte doch gar nicht. Er müßte ja zugeben, daß er etwas Unrechtes getan hat. Und welcher Mensch hat die Größe, das zu tun? Nein, nein, da müssen wir uns schon was anderes einfallen lassen. Claro, amigos?“

Der Axolotl versank nach diesen Bemerkungen in tiefes Nachdenken. Dazu schloß er seine kohlschwarzen Augen, und das sollte heißen, daß er nicht gestört werden wollte.

Die Kinder und der Käpt’n saßen derweil mit hängenden Köpfen herum und schimpften auf den Großgärtner.

„Hast du eine Lösung?“ wollte Stefan nach einer Weile wissen.

Aber Axi antwortete nicht. Er dachte noch immer. Es verging eine halbe Stunde, eine Stunde.

Dann machte der Axolotl die Augen auf.

„Du weißt was, du weißt was", jubelte Michi.

Axi schlug die kurzen Beine übereinander und sagte trocken: „Nach dem Abendessen werde ich euch in meinen Plan einweihen. Es kommt natürlich darauf an, was es zum Abendbrot gibt. Bei euren geliebten weißen italienischen Würmern kriege ich den Mund nicht auf. Das schwöre ich euch. Bei Lachs wäre das schon etwas anderes."

Die Kinder waren arg enttäuscht, und Stefan rannte gleich in die Küche. „Mutti, bring bitte was auf den Tisch, das Axi mag. Er hat nämlich einen Plan. Aber den will er nur verraten, wenn er was Leckeres zum Essen kriegt."

„Erpressung", sagte Mutter Birgit. Aber sie lächelte dabei und meinte mit gespieltem Ernst, daß Vater ja da sei, und der mochte doch Räucherlachs so gern.

Stefan rannte wieder raus. „Axi, es gibt Lachs", jubelte er.

Axi nickte gelangweilt: „Na ja, sehr ordentlich."

Dabei wußte Stefan genau, daß der Axolotl jetzt am liebsten wie eine Rakete in die Küche geschossen wäre, um schon mal zu probieren.

Aber Axi, der Schlaue, hatte sich in der Gewalt. Er tat furchtbar geheimnisvoll, denn er wußte, daß jetzt alle auf ihn angewiesen waren. So was machte ihn wichtig, und das genoß er. Die halbe Stunde bis zum Essen blieb er nachdenklich sitzen, obwohl seine Gedanken nur noch um den fetten rosa

Lachs kreisten und er es kaum erwarten konnte.

Als Mutter Birgit zum Abendessen rief, hätte Axi beinahe seine Würde verloren. Wie der Blitz sauste er ins Eßzimmer, kletterte schneller als sonst auf seinen Kinderstuhl, der aus Stefans Babyzeit übriggeblieben war, und rollte seine Kohleaugen. Nur mit Mühe hielt er sich zurück, denn am liebsten hätte er den ganzen Lachs allein verschlungen. Aber er aß dann doch einigermaßen manierlich, wobei er auch nicht zu kurz kam.

Kaum war der letzte Bissen verschlungen, rüttelte Stefan an dem Kinderstuhl: „Und was ist dein Plan?"

Axi wischte sich sorgsam den fettverschmierten Breitmund ab und lehnte sich in aller Ruhe zurück. „Nun", begann er, „ihr habt selbst mitgekriegt, daß der Gärtner die Blumen freiwillig nicht rausrücken will. Die Polizei, das hatten wir schon, können wir auch nicht brauchen. Da bleibt uns nur eine Möglichkeit: Wir müssen den Meindl so erschrecken, daß er die Blümchen freiwillig rausrückt. Claro, amigos?"

Die Kinder waren enttäuscht. „Den dicken Meindl erschrecken? Diesen Brocken von einem Kerl? Du spinnst, Axi. Erst frißt du den Lachs auf, dann gibst du uns solche saudummen Tips."

„Er ißt", sagte Mutter Birgit strafend.

„Nein, er frißt", erwiderte Stefan trotzig.

Axi legte sich in seinen Stuhl zurück und grinste. „Du kannst meckern, soviel du willst, aber mein Plan ist der einzig richtige. Basta! Oder hast du einen besseren? Nein, hast du nicht. Dann halte dich an meine Weisheit. Ihr Menschen spinnt doch alle. Ihr solltet auch ein paar Jahrhunderte alt werden, wie ich. Dann würdet ihr mehr hinter die Dinge schauen können, mehr wissen, euch besser verständigen können."

Käpt'n Brause, der bisher geschwiegen hatte, fragte: „Wollen wir einen auf deinen Plan trinken?"

Axi winkte müde ab: „Schon wieder so eine blöde Schnapsidee. Alkohol ist schlecht fürs Hirn. Ich habe noch nie etwas anderes getrunken als Wasser oder Mineralwasser. Ich gönne dir ja deinen stinkenden Rum. Aber laß mich, bitte, damit zufrieden. Ich kann auch so denken. Wahrscheinlich besser als du."

„Also gut", meinte der Käpt'n und wagte keinen Einwand, „wie du meinst. Es ist wahrscheinlich auch besser für dich. Denn ein besoffener Grottenolm muß ja furchtbar sein."

„Grottenolm?" fauchte Axi. „Hast du Grottenolm gesagt?"

Der Käpt'n nickte gelassen.

„Weißt du", keifte Axi plötzlich, „daß dies eine furchtbare Beleidigung ist? Ich bin kein Olm, denn so nennt man einen Lurch, einen Molch. Das bin ich nicht! Claro, amigo? Ich bin eine Lurch-Larve und damit ein echter Axolotl, eine Amphibie, eine sehr alte sogar. Und ich bin viel schlauer, als ihr es jemals werden könnt. Ihr ... ihr ... Menschen."

Eigentlich wollte er „Menschenpack“ sagen. Aber im rechten Moment fiel ihm ein, daß er das besser unterlassen sollte. Sonst würde er diese netten Leute ja beleidigen, und dann kriegte er womöglich keinen Aal und keinen Lachs mehr. Also lenkte der schlaue Axi ein. „Auch wenn ihr meinen Plan für verrückt haltet, kann ich ihn trotzdem mal kurz vortragen?“

Der Käpt'n nickte sofort, Stefan sagte nichts und schaute trotzig, Michi nickte auch, und Julia schaute erwartungsvoll mit ihren großen braunen Augen. Birgit und Christian Steiner überließen die Entscheidung ihren Kindern. Aber auch sie waren neugierig zu hören, was der Axolotl vorzuschlagen hatte.

Und das klang alles so einfach. „Also, der Meindl hat ein schlechtes Gewissen. Ich glaube, er würde die Blümchen am liebsten wieder dorthin bringen, wo sie gestohlen wurden.“

„Woher willst du das wissen?“ beharrte Stefan.

„Als intelligenter Junge mußt du doch wissen, daß der Großgärtner bestimmt auf glühenden Kohlen saß, als ihr ihn zur Rede gestellt habt. Er konnte doch nicht einfach eingestehen, ein Dieb zu sein. Das habe ich schon mal gesagt. Also wurde er frech. Eine typisch menschliche Reaktion. Jetzt müssen wir ihm die Frechheit austreiben. Wir müssen ihm Angst einjagen. Und wir müssen ihm eine goldene Brücke bauen.“

Alle nickten, aber keiner hatte gecheckt, was Axi unternehmen wollte.

Das merkte der Axolotl schnell. „Also weiter. Wir fahren wieder hin. Ohne den Käpt'n. Ich" – Axi pflegte sich immer zuerst zu nennen, dann erst die Kinder und andere Leute – „ich werde auch Nackthaut mitnehmen, denn der kennt einen Ast, über den man in Meindls Anwesen hineinkommt, ohne von den Wachhunden erwischt zu werden."

Der Axolotl schwieg wieder, wohl wissend, daß jetzt ein Hagel von Fragen auf ihn niederprasseln würde.

Und die Fragen kamen auch gleich.

Zunächst vom Käpt'n: „Warum darf ich nicht mit?"

„Du bist zu alt und kannst dich nicht schnell genug bewegen. Claro, amigo?"

„Aber es sind meine Blumen."

„Darum wollen wir sie dir ja auch zurückbringen. Obwohl du nur scharf auf den ersten Preis und auf eine lobende Erwähnung bist."

Zu Mutter Birgit gewandt, deren Stirnrunzeln er sofort bemerkt hatte, sagte Axi: „Die Kinder kommen nicht in Gefahr, sie sollen mir nur helfen."

Michi, der es liebte, wenn es spannend wurde, freute sich teuflisch: „Wie sollen wir dir helfen?"

„Das wirst du zur rechten Zeit erfahren."

„Als erstes", Axi blickte wieder Mutter Birgit an, „brauche ich ein weißes Tuch und eine Schere. Es kann auch ein Geschirrtuch oder eine kleine Tischdecke sein. Hauptsache, es ist leuchtend weiß."

„Kriegst du“, antwortete Birgit, ohne nach dem Grund der merkwürdigen Bitte zu fragen.

„Dann müßt ihr“, nun schaute Axi Michi und Julia an, „im SOS-Dorf darum bitten, die nächste Nacht bei Steiners übernachten zu dürfen.“

„Das geht“, sagte Michi.

„Und du, Stefan, mußt deine Muffigkeit aufgeben und bereit sein, das Unternehmen mit vollen Kräften zu unterstützen. Auch wenn ich euch jetzt noch nicht mehr verraten kann.“

Stefan schaute Axi mit großen blauen Augen an und nickte, wenn auch ein bißchen widerwillig.

„Wir werden ziemlich lange unterwegs sein zur weißen Villa. Also, schlaft morgen ein bißchen länger. Am Abend um sechs Uhr ist Abmarsch. Und, Stefan, vergiß deine Armbanduhr nicht. Du bist dafür verantwortlich, daß alle Termine eingehalten werden.“

Stefan nickte wieder, diesmal schon freudiger, obgleich er – wie alle anderen – immer noch nicht wußte, was Axi vorhatte.

„Also, ich geh jetzt pennen“, gähnte der. Er war schon wieder müde.

Michi und Julia verabschiedeten sich. Stefan meinte, er wolle noch ein paar Seiten lesen und dann auch ins Bett kriechen. Seine Mutter wußte genau, daß er dort mit seiner Taschenlampe unter der Bettdecke noch weiterlesen würde, bis er einschlief. Vater Christian kündigte an, daß es ein Festessen geben werde, wenn das Unternehmen gelänge.

Mutter Birgit legte noch einen drauf: „Jeder darf sich sein Lieblingsessen wünschen, wenn alles klappt."

Schon bald herrschte Ruhe im Steinerhaus. Michi und Julia waren gegangen; Käpt'n Brause las in einem Buch; Vater Steiner hatte seinen Zeitungsstapel immer noch nicht durchgearbeitet, und Mutter Birgit schaute nach Stefan, der unter der Bettdecke mit der Taschenlampe in der einen und dem Buch in der anderen Hand eingeschlafen war.

Birgit Steiner nahm Lampe und Buch, legte beides auf den Nachtkasten, streichelte über Stefans Haar, klopfte noch mal das Bett zurecht und schloß dann leise die Tür des Kinderzimmers.

Hoffentlich klappt morgen alles, dachte sie und ging ins Wohnzimmer zu ihrem Mann, der vor dem prasselnden Kamin Zeitung las.

Niemand hatte mehr versucht, aus Axi herauszubekommen, wie denn sein Plan genau aussehe. Vielleicht hätte er sich dann geärgert, weil sie ihm mißtrauten, und die ganze Sache wäre ins Wasser gefallen.

Also schwiegen sie und warteten den nächsten Tag ab. Spannend würde es bestimmt werden.

Das Attentat

Schon morgens hockten die Kinder zusammen, um das Unternehmen „Befreit die Blumen“ vorzubereiten. Aber was sollten sie vorbereiten? Das konnte ihnen nur Axi sagen, doch der ließ sich nicht blicken. Er tauchte mal kurz aus seinem Tümpel, nahm eine kleine Mahlzeit zu sich und verschwand wieder im Wasser.

So verging der Tag, und die Kinder platzten schier vor Neugier.

Erst kurz vor sechs Uhr abends erschien der Axolotl wie ein Racheengel im Garten. Langsam und sorgfältig schnallte er sich sein Mineralwasserfläschchen auf den Rücken, ließ den albernen Cowboyhut auf dem Rücken baumeln, stopfte sein Täschchen mit Ananasstücken voll und fragte überflüssigerweise: „Kann's losgehen?“

Als die Kinder voller Erwartung eifrig zustimmten, ließ Axi seine Truppe antreten und watschelte wie ein Feldherr um sie herum. „Proviant vorhanden?“

„Ja.“

„Gutes Schuhwerk?“

„Ja.“

„Ausgeschlafen?“

„Ja.“

„Dann kann's losgehen. Wir werden nun dem Dieb eine Lektion erteilen, die er nie im Leben vergessen wird. Im Gleichschritt, marsch."

Axi hatte bei diesem Kommando vergessen, daß Stefan, für seine zwölf Jahre schon ziemlich groß, und Michi und Julia, etwas jünger und viel kleiner, mit dem Gleichschritt Schwierigkeiten haben mußten. Dafür waren ihre Beine zu verschieden lang. Sie stolperten mehr durch die Landschaft, als daß sie im Gleichschritt dem Feind entgegeneilten.

Bald mußte Axi, der auf Nackthaut an der Spitze der Truppe ritt, feststellen, daß auch der Pinscher mit seinen Beinchen nicht Schritt halten konnte. Und so kam Axi ganz schön ins Hintertreffen. Recht kleinlaut bat er Stefan, ihn auf die Schultern zu nehmen. Denn mit seinen eigenen Beinen wäre er ja noch langsamer gewesen.

Stefan lachte, beugte sich herab und hob den kleinen Axolotl wie eine Feder hoch.

Das wiederum freute Nackthaut, denn ohne seinen Herrn und Meister konnte er herumtollen und an Bäumen schnüffeln.

Als die weiße Villa in Sicht kam – den Kindern taten schon die Füße weh – hielt Axi eine Lagebesprechung ab.

Stefan hatte von seiner Mutter ein weißes Tuch mitbekommen.

„Gib es mir, bitte", sagte Axi. Er faltete es auseinander und stülpte es über den Kugelkopf.

8 4698 - 8

Die Kinder sahen, daß dort, wo die Augen sind, zwei Löcher hineingeschnitten waren.

Axi gab seiner Stimme einen geheimnisvollen Klang und jaulte: „Ich bin der Geist der Blumen. Und ich will mich rächen."

Erst schauten die Kinder erstaunt, dann lachten sie, denn jetzt dämmerte ihnen, was Axi wollte. Und fast einstimmig kam die Frage: „Was haben wir dabei zu tun?"

Axi grinste. „Eine geheimnisvolle Stimme ist gut. Mehrere sind besser. Ihr müßt mich unterstützen. Ihr habt die Rolle trauriger Blumen. Ihr müßt weinen, ächzen und winseln. Es muß eine perfekte Vorstellung sein. Gärtner glauben, daß Blumen leben. Und sie haben gar nicht unrecht. Sie sind abergläubisch und besorgt um ihre Pflanzen. Wenn die weinen, haben sie Angst, es könnte ihnen was passieren. Ich wette, daß unser Trick gelingt. Hält jemand dagegen?"

Niemand sagte etwas.

Nun ging die Blumenbande zum Angriff über. Nackthaut erkannte sofort den Ast wieder, der fast vom Boden aus über die Umzäunung der Villa ragte.

„Los!" befahl Axi, und jetzt war er wieder ganz der überlegene Feldherr.

Der Pinscher bellte freudig, jagte den Ast hoch und kletterte weiter auf den Baum. Dabei machte er einen Mords-Hunde-Lärm. Schon kamen die Wachhunde herangerast. Aber Pinscher sind schnelle und intelligente Tiere. Nackthaut sprang vom Baum, die Meute hinter ihm her.

Der erste Teil war gelungen, die Wachhunde abgelenkt. Axi schnellte wie ein Wiesel den Ast hinauf, schaute, ob die Luft rein war, und winkte dann.

Stefan, Michi und Julia hatten mehr Mühe als die beiden Leichtgewichte vor ihnen. Aber sie schafften es, fast lautlos zu Axi im Baum hochzuklettern.

Nun kam der gefährlichere Teil: Eine Wiese mußte überquert werden. Und die lag auch noch in vollem Mondlicht.

Stefan nahm Axi einfach unter den Arm, und die Blumenbande hastete auf die Haustür zu, die – wie erwartet – nicht abgeschlossen war.

„Man sollte sich eben nicht auf Hunde verlassen", sagte Axi. „Außer auf Nackthaut!"

Schon als sie ins Haus kamen, hörten Axi und die Kinder das sägende Schnarchen des Hausherrn. Auch die Schlafzimmertür war nicht abgeschlossen, wie Stefan mit einem leichten Druck feststellte.

„Also, nun geht's los", sagte Axi. „Wißt ihr alle, was ihr machen müßt?"

Allgemeines Nicken.

Wortlos zog Axi sich das weiße Tuch über. Er sah wirklich furchterregend aus. Sanft stieß er die Tür ganz auf und setzte sich frech auf das Bett des Gärtners. Die Kinder mußten draußen bleiben.

Dann begann Axi einen schauerlichen Singsang, der sogar den Kindern Furcht einflößte.

Der Gärtner Meindl schnellte hoch im Bett, zog die Decke bis ans Kinn, versuchte sich unterm Kopfkissen zu verstecken.

Seine Frau schrie wie von Sinnen.

All das rührte Axi nicht. Er sang weiter, stimmte das Lied an: „Weißt du, wo die Blumen sind ..?“, um dann genauer zu werden: „Ich meine die blauen Orchideen mit den weißen Punkten. Sie sind meine Lieblingskinder. Ich, der Blumengeist, will sie wiederhaben.“

Dann gab er den Kindern ein Zeichen. Und sie winselten, weinten, klagten, daß jeder Regisseur dieser Welt sie sofort für einen Blumenfilm eingestellt hätte.

Axi schwang sein langes Gewand, und es sah so aus, als ob er schwebte. Und immer wieder: „Ich will meine Blumen wiederhaben.“

Dazwischen schrie die Gärtnersfrau: „Mann, gib sie ihm doch! Gib sie ihm! Ich habe solche Angst.“

Aber der Anton Meindl schien die Sprache verloren zu haben. Mit weit aufgerissenen Augen starrte er auf den selbsternannten Blumengeist, dieses schreckliche Ungeheuer.

„Ja, ja – ich geb' sie dir, Blumengeist. Aber sie sind nicht mehr im Haus. Ich muß sie erst holen.“

„Das kannst du dir sparen“, grollte der Blumengeist. „Bring sie dorthin, wohin sie gehören.“

„Das will ich. Das will ich. Ich verspreche es dir, Blumengeist. Aber bitte, bitte, laß mich in Ruhe. Ich tue alles, was du willst.“

„Das möchte ich auch hoffen“, brummte Blumengeist Axi und bedeutete den Kindern zu verschwinden. Er selbst hüpfte unters Bett, zog das Tuch aus und verschwand wie eine große Maus in der Nacht.

Nackthaut hatte, wie schon mal geübt, die Wachhunde um den Baum versammelt, auf dem er saß. Knurrend und zähnefletschend zeigten sie ihm, wie sehr er sie ärgerte.

So konnten Axi und seine Truppe unbehelligt abziehen. Und Nackthaut brachte sich mit einem eleganten Sprung vom Baum in Sicherheit. Die wütenden Wachhunde konnten nur noch hinter ihm herbellen.

„Das hast du prima gemacht“, sagte Stefan, als er Axi wieder auf die Schultern nahm und sie gemeinsam heimwärts zogen.

„Ja, wirklich“, sagten Michi und Julia.

Auch Nackthaut bekam seine Streicheleinheiten.

So gegen drei Uhr morgens waren sie zu Hause in Großhöhendorf und sanken sofort ins Bett, Axi in seinen Tümpel, Nackthaut ins Körbchen.

Morgens um neun Uhr waren alle schon wieder auf der Matte und gespannt, was ihr nächtlicher Gespenster-Besuch beim Großgärtner Meindl wohl für Folgen haben würde.

Natürlich berichteten sie dem Käpt’n und den Eltern Steiner von ihrer nächtlichen Strafaktion, und gemeinsam warteten sie nun gespannt auf den Erfolg. War der gespenstige Auftritt des Blumengeists und seiner jammernden Bande stark genug? Wie würde Anton Meindl reagieren? Ob er die blauen Orchideen mit den weißen Punkten auch wirklich zurückgeben wird?

Glückliches Ende

Stefan, Michi und Julia starrten auf das Telefon, Axi hatte es sich im Sessel bequem gemacht. Aber das Telefon klingelte nicht.

„Vati", sagte Stefan aufgeregt, „du bezahlst doch für das Telefon. Warum tut es dann nichts?"

Christian Steiner lächelte. „Da muß uns schon jemand anrufen, damit es klingelt."

Aber dann klingelte es doch. Die Kinder wollten sich auf den Apparat stürzen. Doch Mutter Birgit, die in der Küche das Mittagessen vorbereitete, kam herein, nahm den Hörer ab.

Sie redete kurz und knapp mit dem Anrufer und legte dann auf. Sie war ein bißchen ärgerlich. „Es war der Bäcker", sagte sie. „Er meint, er könne den Preis für die Brötchen, die er täglich liefert, nicht mehr halten. Er müsse ein paar Pfennige mehr verlangen."

„Das war alles?" fragte Stefan. Manchmal überschlug sich seine Stimme, denn er kam bald in den Stimmbruch.

„Das war alles", antwortete seine Mutter. „Seid nicht so ungeduldig. Es braucht sicher seine Zeit, die Blumen wieder in die Ausstellung zu bringen. Und das ganz unauffällig. Wartet nur ein bißchen."

Der Käpt'n hockte im Sessel, schmauchte eine Pfeife und tat reichlich unbeteiligt. Dabei wäre er bald zersprungen vor Aufregung.

Die Blumenbande wartete stundenlang. Dann gab es Mittagessen: Kohlrouladen. Normalerweise eine Lieblingsspeise der Kinder. Aber heute stocherten sie lustlos in dem leckeren Gemüse herum.

Sollte alles vergeblich gewesen sein? Sollte die Angst des Gärtners vor dem Blumengeist und seinem geheimnisvollen Blumenchor nichts genützt haben?

Auch am frühen Nachmittag passierte nichts. Stefan hatte mittlerweile bei der Ausstellungsleitung angerufen und nachgefragt, ob die Orchideen des Kapitäns aufgetaucht seien. Natürlich waren sie es nicht.

Während sie gemeinsam über weitere Maßnahmen nachdachten, klingelte es plötzlich an der Haustür. Birgit Steiner öffnete.

Da stand der Großgärtner Anton Meindl mit verlegenem Gesicht. Ob er, bitte, den Herrn Kapitän Brause sprechen könne, fragte er.

„Was ist denn?" dröhnte die Stimme des Kapitäns.

„Es ist Herr Meindl", antwortete Mutter Birgit.

„Soll hereinkommen."

Die Kinder und Axi hatten sich hinter der Couchgarnitur versteckt.

Nun saßen sich die beiden Männer gegenüber und fanden nicht die richtigen Worte.

„Mögen Sie ’nen Schnaps?“ fragte der Käpt’n.

Der Großgärtner nickte eifrig.

So nach dem vierten wurde das Gespräch flüssiger.

Die Kinder und Axi trauten ihren Ohren nicht.

„Ich muß Ihnen etwas gestehen“, sagte der Gärtner auf einmal. „Ich habe Ihre Blumen stehlen lassen.“

„So, so. Und warum?“

Meindl druckste herum: „Seit Jahren versuche ich solche Orchideen zu züchten, wie Sie sie haben. Es ist mir nie gelungen. Trotzdem hatte ich mit meinen Züchtungen immer die ersten Preise bei allen Blumenschauen abgesahnt. Bis Sie kamen ... Ich war richtig verzweifelt. Und da habe ich in meiner Wut und meiner Enttäuschung etwas Schreckliches getan: Ich bin zum Dieb geworden. Das ist unverzeihlich. Trotzdem bitte ich Sie, meine Entschuldigung anzunehmen. Und die Orchideen natürlich auch.“

Der Käpt’n sah den reuigen Dieb ruhig an. „Gemacht“, sagte er nur.

Stefan in seinem Versteck hatte das Gefühl, daß der Meindl dem Großonkel am liebsten um den Hals gefallen wäre.

„Darf ich die Blumen wieder an ihren Platz bringen?“ fragte der Gärtner.

„Lassen Sie mal“, meinte der Käpt’n. „Ich hab da meine Leute, und das wird Ihnen gewisse Peinlichkeiten ersparen.“

Erleichtert schüttelte der Gärtner dem ollen Seebären die Hand. „Da fällt mir eine Last von den Schultern. Übrigens“, er nestelte an seiner Brieftasche herum. „Ich habe noch etwas dabei.“

Mutter Steiner erhielt einen Scheck über fünftausend Mark für den Tierschutz.

„Und wo ist der kleine Vietnamese?“

„Hier“, piepste Michi und kroch hinter der Couch hervor.

„Gib diesen Scheck der Heimmutter im SOS-Kinderdorf – es sind zehntausend Mark – und sag ihr, daß meine Firma zunächst für fünf Jahre alle Gartenarbeiten erledigen wird. Kostenlos.“

„Danke schön“, sagte Michi artig.

Doch die Kinder und Axi, die eigentlichen Helden, wurden nicht bedacht. Dabei wünschte sich Stefan so sehr ein Mountainbike. Aber das würde er auch so schaffen, da war er sicher. Obwohl das Sparschwein zur Zeit ziemlich mager war.

Der Axi freilich wußte genau, was auf ihn zukam: wieder eine schlaflose Nacht. Denn wer sonst sollte die Blumen in die Halle zurückbringen?

„Mach ich doch“, sagte er großzügig und streckte sich auf seine ganzen dreißig Zentimeter, „aber nur, wenn ich Lachs und Aal bekomme! Claro, amigos?“

Kevin Kay

DER AXOLOTL UND SEINE FREUNDE

Der Zauberkünstler

Band 2

Das fängt ja gut an! Mit einer Fünf in Mathe scheint Stefans Traum vom Mountainbike endgültig ausgeträumt zu sein. Auch der Axolotl ist traurig und überlegt fieberhaft, wie er Stefan helfen könnte. Und wie's der Zufall will, bekommen die zwei eine einmalige Chance. Auf dem Magier-Wettbewerb verzaubert „Don Stefano von Axolotl" sein Publikum mit den tollsten Tricks. Ob Stefan es schaffen wird, sich das Mountainbike herbeizuzaubern? Axis Wunderohren rotieren wie verrückt, und alles läuft wie am Schnürchen. Doch dann passiert etwas, was Axis übersinnliche Fähigkeiten hart auf die Probe stellt ...

SCHNEIDER BUCH